München
Sonderausgabe 2015
ISBN 978-3-89883-559-6

Grafische Gestaltung	Julia Arzberger
Fotografie	Eising Studio | Food Photo & Video (Susie Eising, Martina Görlach); andere siehe Bildnachweis S. 153
Porträtfoto (Cover)	Jana Liebenstein
Rezeptküche	Monika Reiter, Gerlinde Hans
Redaktion	Eva-Maria Hege, Edelgard Prinz-Korte
Herstellung	Peter Karg-Cordes
Producer	Jan Russok
Druck & Bindung	Mohn media Mohndruck GmbH, Gütersloh

Beim Druck dieses Buchs wurde durch den innovativen Einsatz der Kraft-Wärme-Kopplung im Vergleich zum herkömmlichen Energieeinsatz bis zu 52% weniger CO_2 emittiert.

Alfons Schuhbecks

Feine Festtagsküche

Man soll die Feste feiern, wie sie fallen!

Wie im Schlaraffenland können sich Gäste fühlen, wenn ihnen ein saftiger Braten mit rescher Kruste aufgetischt wird. Sobald verlockender Bratenduft die Küche erfüllt, werden nicht nur Kindheitserinnerungen an Omas köstliche Sonntagsbraten wach, sondern auch alle Sinne geweckt und der Appetit angeregt.

Doch es muss nicht gleich immer der große Braten sein, um an Feiertagen und zu besonderen Anlässen Gästen und Familie kulinarisch zu verwöhnen. In diesem Buch habe ich Ihnen meine Lieblingsrezepte für eine rundum gelungene Feier zusammengestellt: von feinen Vorspeisen über zarte Fischgerichte und knusprige Braten bis hin zum süßen Finale.

Egal, für welches Gericht Sie sich entscheiden: Damit der verlockende Essensduft auch hält, was er verspricht, kommt es nicht nur aufs Rezept an – für den perfekten Genuss braucht man immer auch frische und qualitativ hochwertige Zutaten! Lassen Sie sich von meinen Rezepten inspirieren und versammeln Sie mal wieder Freunde oder Familie um Ihren Tisch: Anlässe dafür gibt es ja das ganze Jahr über genug!

Ihr Alfons Schuhbeck

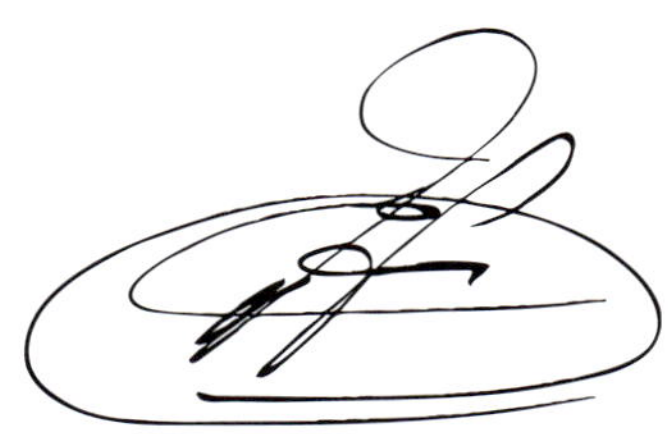

Schuhbecks Gewürzmischungen – eine Auswahl

Wild Gewürz ist ideal zum Würzen von allen Wildsaucen geeignet. Außerdem schmeckt es in Gewürzbutter zu Kurzbratstücken vom Wildbret, wie Hirsch-, Reh-, Hasen- oder Wildschweinrücken, und würzt Zubereitungen aus Faschiertem vom Wildbret. Dosierung: 1 Prise bis 1/4 TL pro Portion.

Schmorgerichte vom Wild: Braten oder Ragouts von Wildbret wie Reh, Hirsch, Wildhase oder Wildschwein ungewürzt zubereiten. Am Ende der Garzeit pro Portion 1 kleine Prise Gewürz in die Sauce rühren und nach Bedarf salzen. Nach Belieben zusätzlich mit Ribiselgelee, Ingwer, Knoblauch, abgeriebener unbehandelter Zitronen- und Orangenschale sowie einem kleinen Stück Schokolade verfeinern.

Wildsaucen und Geschnetzeltes: Wildsaucen, Wildrahmsaucen und Geschnetzeltes vom Wild am Ende der Garzeit mit dem Gewürz prisenweise würzen.

Faschiertes vom Wildbret: Faschierten-Masse anstelle von einzelnen Gewürzen prisenweise mit dem Wild Gewürz würzen und salzen. Beliebig weiterverarbeiten, z. B. für Fleischlaiberl, Faschierten Braten oder Gemüsefüllungen.

Kurzbratstücke wie Steaks, Schnitzel oder Rückenfilets am Stück: Jeweils ungewürzt zubereiten. Zum Schluss in einer Gewürzbutter wenden. Dafür 1/2 bis 1 TL Gewürz mit 4 EL flüssiger brauner Butter oder Butter verrühren und mit Salz oder Chilisalz noch etwas nachwürzen.

Wildsuppen: Ungewürzt zubereiten und am Schluss prisenweise mit dem Gewürz verfeinern. Nach Bedarf mit Chilisalz würzen und frische Kräuter hinzufügen.

Lammgewürzzubereitung ist ideal zum Würzen von gebratenem und gegrilltem Lamm. Die fertig gegarten Stücke können dabei direkt mit dem Gewürz bestreut oder in einer Lammgewürzbutter gewendet werden. Außerdem eignet es sich zum Würzen von Lammschmorgerichten, wie Lammragout, Lammhaxerl, Lammschulter und Lammkeule, sowie für Faschiertes vom Lamm. Dosierung: etwa 1/2 TL pro Portion.

Rosa gebratene oder gegrillte Lammrücken, Lamm-Medaillons, Naturschnitzel vom Lamm, gewürfelter Lammrücken, Lammkarree: Jeweils ungewürzt rosa oder nach Belieben durch braten. Zum Schluss in einer Gewürzbutter wenden. Dafür 1 geh. TL Gewürz mit 4 EL flüssiger Butter, brauner Butter oder Olivenöl verrühren, nach Bedarf mit Salz oder Chilisalz noch etwas nachwürzen.

Grillbutter für Lamm, Hähnchen oder Pute: 100 g weiche Butter hellschaumig aufschlagen, 1 EL Lammgewürz, je 1/2 TL abgeriebene unbehandelte Zitronen- und Orangenschale und 1 EL Petersilie hineinrühren und mit Chilisalz würzen. Direkt verwenden oder mithilfe von Backpapier zu einer Rolle formen, durchkühlen und in Scheiben schneiden.

Rosa gebratene Lammschulter oder Keule in Sauce sowie geschmortes Lammragout und geschmorte Lammhaxerl: Ungewürzt zubereiten. Am Ende der Garzeit anstelle von Einzelgewürzen pro Portion etwa 1/2 TL Gewürz in die Schmorsauce rühren und nach Bedarf salzen.

Faschiertes vom Lamm: Die Faschierten-Masse nach Rezept zubereiten, dabei die Einzelgewürze durch etwa 1/2 TL Lammgewürz pro Portion ersetzen.

Ente und Gans Gewürzzubereitung ist ideal zum Würzen von Enten- und Gänsesaucen geeignet. Außerdem schmeckt sie in Gewürzbutter zu rosa gebratener Barbarie-Entenbrust und würzt Zubereitungen aus faschiertem Enten- oder Gänsefleisch. Dosierung: etwa 1/4 TL pro Portion.

Gefüllte Ente oder Gans im Ganzen: Die Fülle pro Portion mit etwa 1/4 TL Gewürz verfeinern. Die Sauce ungewürzt zubereiten und am Ende der Garzeit pro Portion etwa 1/4 TL Gewürz hineinrühren. Nach Bedarf noch etwas salzen.

Gebratene Gänse- oder Entenkeulen sowie andere Teilstücke dieser beiden Geflügelsorten: Ungewürzt zubereiten, zum Schluss etwa 1/4 TL Gewürz in die Sauce rühren.

Ganserlragout, Entenragout: Das Schmorgericht ungewürzt zubereiten und am Ende mit etwa 1/4 TL Gewürz pro Portion sowie nach Bedarf mit etwas Salz oder Chilisalz würzen.

Rosa gebratene Barbarie-Entenbrust: Rosa garen und in Gewürzbutter wenden. Dafür 1/4 TL Gewürz mit 4 EL flüssiger Butter, brauner Butter oder Olivenöl verrühren, etwas abgeriebene unbehandelte Zitronen- und Orangenschale hineinrühren und nach Bedarf mit Salz oder Chilisalz abschmecken.

Faschiertes von Ente oder Gans: Die Faschierten-Masse nach Rezept zubereiten, dabei die Einzelgewürze durch etwa 1/4 TL Ente und Gans Gewürzzubereitung pro Portion ersetzen.

Scampi- und Fisch-Gewürzmischung „Karibischer Art" ist ideal zum Würzen von Krustentieren wie Garnelen sowie Fisch geeignet. Zudem schmeckt sie an Hähnchen, Pute, Schwein, Pasta und Gemüse. Sie kann großzügig verwendet werden. Dosierung: etwa 1/2 TL pro Portion.

Garnelen, Kaisergranat und andere Krustentiere: Ungewürzt braten, grillen oder pochieren und geschält in Gewürzbutter oder -öl wenden. Dafür 50 g Butter, braune Butter oder 50 ml Olivenöl mit 1 geh. TL Gewürz sanft erwärmen.

Fisch im Ganzen oder Fischfilets: Auf beliebige Art ungewürzt zubereiten. Den Fisch mit Gewürzöl oder Gewürzbutter unmittelbar vor dem Servieren bestreichen.

Marinade für Garnelen und dünne Fischfilets: 50 ml Öl mit 1 geh. TL Karibischem Scampi- und Fischgewürz verrühren, Garnelen oder dünne Fischfilets darin wenden und ohne weitere Fettzugabe in einer beschichteten Pfanne bei milder Hitze auf beiden Seiten sanft braten.

Krustentier- und Fischsaucen und Suppen: Ungewürzt zubereiten und am Ende mit dem Gewürz und etwas Salz oder Chilisalz würzen. Oder die Gerichte nach Rezept zubereiten und das Gewürz am Ende nur prisenweise als Feinwürze zum Verfeinern verwenden.

Hähnchen, Pute, Schwein: Hähnchenbrust, Hähnchenkeule, Putensteak, Putenbruststreifen oder Putenkeule, Schweinemedaillons, Schweinslungenbraten ungewürzt zubereiten. Am Ende in Gewürzbutter oder -öl wenden und salzen.

Joghurtdip: 1 bis 2 TL Gewürz mit 1 EL heißer Brühe verrühren, 1 Minute quellen lassen und mit etwa 200 g griechischem Joghurt verrühren. Nach Belieben etwas frisch geschnittenes Basilikum hineinrühren und bei Bedarf noch etwas salzen.

Braten Gewürzzubereitung ist ideal zum Würzen von Bratensaucen, besonders von Rind, Kalb und Pute. Zudem eignet sie sich perfekt zum Würzen von Schmorgerichten wie Rindsrouladen, Rindsragout sowie für Rahmsaucen, beispielsweise von Kalbsrahmbraten. Dosierung: 1 Prise bis 1/4 TL pro Portion.

Rinderbraten: Beliebiges Bratenstück vom Rind ungewürzt zubereiten. Am Ende der Garzeit die Bratensauce anstelle mit Einzelgewürzen prisenweise mit dem Bratengewürz würzen und nach Bedarf mit Salz oder Chilisalz abschmecken.

Rindsrouladen und Rindsragout: Ungewürzt zubereiten und zum Schluss die Sauce prisenweise mit dem Bratengewürz würzen.

Truthahn im Ganzen gebraten, Geschmortes vom Truthahn: Nach Rezept zubereiten, die Sauce dabei ungewürzt belassen und erst am Schluss prisenweise mit dem Gewürz und beliebigen Frischearomen, wie Zitronenschale oder Kräuter, verfeinern.

Kalbsrahmbraten, Kalbsrollbraten, Kalbsragout, gefüllte Kalbsbrust, Kalbsstelze: Bratenstücke bzw. Schmorstücke ungewürzt zubereiten und erst am Schluss die Sauce prisenweise damit würzen.

Faschierte Braten: Nach Rezept zubereiten, die Sauce dabei ohne Gewürze fertigstellen und erst am Schluss prisenweise damit würzen.

Käse & Raclette Gewürzzubereitung ist ideal zum Würzen von Käsezubereitungen aller Art, insbesondere Fondue und Raclette, geeignet. Zudem würzt sie Käsesalat, eingelegten Käse, sowie Frischkäsezubereitungen und ist ein perfektes Tischgewürz zu Käseplatte und Käsebrot. Dosierung: prisenweise verwenden (1 bis 2 Prisen pro Portion).

Raclette: Raclettepfännchen nach eigenem Gusto mit Kartoffeln, Gemüse, Schinken und vielem mehr zusammenstellen und im Raclette-Ofen nach Bedarf etwas vorgaren. Mit Käsescheiben belegen, mit 1 Prise Gewürz bestreuen und überbacken. Nach Belieben erst nach dem Schmelzen des Käses würzen.

Käsefondue: Nach Rezept zubereiten und das Gewürz als Tischgewürz zum Variieren anbieten. Die eingetunkten, mit Käsefondue überzogenen Brotwürfel nach eigenem Gusto prisenweise mit dem Gewürz variieren. Je nach Vorliebe des Gästekreises kann bereits das Käsefondue direkt im Caquelon damit gewürzt werden.

Jause, Frühstück, Brunch, Picknick: Ungewürzte Käsesorten wie Emmentaler und Camembert damit nach Gusto prisenweise würzen.

Gulasch Gewürz ist ideal zum Würzen von jeglichem Gulasch aus Fleisch, Kartoffeln oder Gemüse und Gulaschsuppen geeignet. Außerdem kann es für Gewürzbutter zu Kurzbratstücken aus Schweinefleisch sowie zum Würzen von Zubereitungen aus Weißkraut und Paprika, aber auch für Frischkäseaufstrich verwendet werden. Dosierung: etwa 1 TL pro Portion.

Gulasch: Gulasch oder Gulaschsuppe ohne Gewürz zubereiten. Zum Schluss etwa 1 TL Gulasch Gewürz pro Portion hinzufügen, ein paar Minuten ziehen lassen. Bei Bedarf nochmals etwas nachwürzen und gegebenenfalls noch ein wenig salzen.

Gewürzbutter: 4 EL Butter mit 1 TL Gulasch Gewürz in einer Pfanne sanft erwärmen. Das gebratene Fleischstück, z.B. ein Schweinenackensteak, darin wenden und salzen.

Gebratene Krautfleckerl: Weißkraut in Blätter schneiden, portionsweise anbraten, etwas Brühe angießen und einige Minuten weich garen. Zum Schluss pro Portion mit 1/2 bis 1 TL Gulasch Gewürz würzen, etwas Butter hinzufügen und salzen. Als Hauptgericht mit vorgekochten Nudelfleckerln und ausgelassenem Speck servieren.

Gefüllte Paprikaschoten: Die Faschierten-Fülle anstelle von einzelnen Gewürzen pro Portion mit etwa 1 TL Gulasch Gewürz würzen und salzen. Nach Belieben kann zum Schluss auch die ungewürzte Sauce mit etwas Gulasch Gewürz verfeinert werden.

Frischkäseaufstrich: 1 bis 2 TL Gewürz mit 1 EL heißer Brühe verrühren, 1 Minute quellen lassen und mit etwa 200 g Frischkäse verrühren. Bei Bedarf noch etwas salzen.

Kartoffelgnocchi mit Gulasch Gewürz: 150 ml Gemüse- oder Geflügelbrühe mit etwa 2 TL Gulasch Gewürz erhitzen. 4 Portionen vorgekochte Kartoffelgnocchi oder Fingernudeln hinzufügen, darin erhitzen. Zuletzt etwas frische Butter oder braune Butter hinzufügen und nach Bedarf salzen.

Bratkartoffel Gewürzzubereitung ist ideal zum Würzen von Bratkartoffeln sowie für viele weitere Kartoffelzubereitungen. Außerdem passt sie gut zu Schweinefleischzubereitungen, Weißkraut und in Frischkäseaufstrich. Dosierung: etwa 1 TL pro Portion.

Bratkartoffeln: Kartoffeln in wenig Fett ungewürzt braten. Zum Schluss großzügig mit dem Gewürz bestreuen und etwas Butter hinzufügen, ggf. noch etwas salzen.

Gebackene Kartoffeln aus dem Ofen: Kartoffel- oder Süßkartoffelecken auf einem mit Backpapier belegten Blech ungewürzt backen. Das Gewürz mit etwas Brühe, Butter oder Olivenöl verrühren, die gebackenen Kartoffelecken darin wenden, ggf. noch etwas salzen.

Kartoffelpüree: Milch mit dem Gewürz erhitzen, unter die passierten Kartoffeln rühren.

Kartoffelsuppen und -eintöpfe: Das Gericht ungewürzt garen. Zum Schluss mit Bratkartoffel Gewürzzubereitung würzen und nach Geschmack noch etwas salzen.

Schweinenackensteaks, Schweinefilet, Geschnetzeltes vom Schwein: Jeweils ungewürzt zubereiten. Zum Schluss in Gewürzbutter oder -öl wenden. Dafür 1 geh. TL Gewürz mit 4 EL flüssiger Butter, brauner Butter oder Olivenöl verrühren. Oder das Fleisch vor dem Braten in Gewürzöl marinieren. Nach Belieben mit Salz oder Chilisalz abschmecken.

Gedünstetes Weißkraut, gebratene Krautfleckerl: Weißkraut ungewürzt zubereiten. Zum Schluss mit dem Gewürz bestreuen. Ggf. noch etwas Butter hinzufügen und salzen.

Frischkäseaufstrich: 1 bis 2 TL Gewürz mit 1 EL heißer Brühe verrühren, 1 Minute quellen lassen und mit etwa 200 g Frischkäse verrühren. Nach Bedarf noch etwas salzen.

Brathähnchen Gewürzzubereitung eignet sich ideal zum Würzen von Brathähnchen und Teilstücken vom Huhn wie Hähnchenkeulen, Hühnerfilet, Chicken Wings. Außerdem lassen sich damit ausgezeichnet Truthahnkeulen, Truthahnbrust, Truthahnrollbraten, Truthahnsteaks, Truthahnschnitzel und Truthahnstreifen würzen. Dosierung: etwa 1/2 TL pro Portion.

Brathähnchen und Teilstücke von Hähnchen oder Truthahn mit Haut: Während des Bratens im Ofen zwischendurch mit gesalzener Butter einpinseln. Zum Schluss mit Gewürzbutter einpinseln und nochmals für ein paar Minuten in den Backofen schieben. Für die Gewürzbutter 4 EL zerlassene Butter oder braune Butter mit 1 geh. TL Gewürz verrühren. Diese Gewürzbutter kann außerdem hervorragend als Würzsauce zum Beträufeln des fertigen Gerichts verwendet werden.

Truthahnschnitzel natur, Streifen von der Truthahnbrust, Hendlbrustscheiben: Ungewürzt zubereiten, zum Schluss in Gewürzbutter oder -öl wenden und zusätzlich mit etwas Chilisalz oder Salz würzen.

Truthahnsteaks: Steaks in einer Pfanne in möglichst wenig Fett saftig durchbraten und aus der Pfanne nehmen. Den Bratsatz mit 100 ml Geflügelbrühe ablöschen, 1 TL Brathähnchen Gewürzzubereitung dazugeben, auf die Hälfte einkochen lassen, 20 g kalte Butter hineinrühren und die Steaks darin nochmals kurz wenden.

Backhendl, panierte Truthahnschnitzel: 150 g Naturjoghurt mit 1 EL Gewürz verrühren und salzen. Hendlbruststücke oder Truthahnschnitzel damit vermischen. Anschließend in Weißbrotbröseln wenden und bei mittlerer Hitze in Öl rundum bzw. auf beiden Seiten goldbraun braten.

Schweinebraten Gewürz ist ideal zum Würzen von Schweinebraten-Sauce geeignet. Außerdem schmeckt es in Gewürzbutter zu Kurzbratstücken vom Schwein, z.B. Schweinslungenbraten oder Karreesteak, und würzt Zubereitungen aus Faschiertem mit Schweinefleischanteil. Dosierung: etwa 1/2 TL pro Portion.

Schweinebraten: Schweinebraten aus einem beliebigen Fleischstück, z.B. Nacken, Keule, Schulter oder Bauch, ungewürzt zubereiten. Am Ende der Garzeit pro Portion 1/2 TL Gewürz in die Bratensauce rühren und nach Bedarf salzen.

Faschiertes: Eine Faschierten-Masse anstelle von einzelnen Gewürzen mit etwa 1/2 TL pro Portion würzen und salzen. Beliebig weiterverarbeiten, z.B. für Fleischlaiberl, Füllungen oder Faschierten Braten.

Schweinenackensteaks, Schweinefilet, Geschnetzeltes vom Schwein: Jeweils ungewürzt zubereiten. Zum Schluss in Gewürzbutter oder -öl wenden. Dafür 1 geh. TL Gewürz mit 4 EL flüssiger Butter, brauner Butter oder Olivenöl verrühren. Nach Bedarf mit Salz oder Chilisalz noch etwas nachwürzen.

Kartoffeleintopf mit Paprika und Pilzen: Ungewürzt zubereiten und zum Schluss mit etwa 1/2 TL Gewürz würzen. Nach Bedarf salzen und nach Belieben frische Kräuter hinzufügen.

Semmelknödel: Je nach Personenanzahl die entsprechende Menge Gewürz in der Milch erhitzen. Die Knödelmasse zusätzlich mit Salz, etwas Pfeffer und Muskatnuss würzen. Nach Belieben frisch geschnittene Petersilie hinzufügen.

Gemüse Gewürz eignet sich ideal für Gemüsezubereitungen mit mitteleuropäischem Charakter. Dosierung: etwa $1/2$ TL Gewürz pro Portion.

Gedünstetes Gemüse: Gemüse mit etwas Brühe zugedeckt garen. Zum Schluss mit dem Gewürz und etwas Chilisalz würzen. Nach Belieben etwas Butter und frische Kräuter hinzufügen.

Gedämpftes Gemüse: Gemüse in einem Dampfbackofen oder einem Dampftopf garen. Etwa 50 ml Gemüsebrühe mit 1 EL Butter und etwas Gemüsegewürz sanft erwärmen und das gegarte Gemüse darin wenden. Mit Chilisalz abschmecken.

Gemüsesuppen, Gemüsesaucen, Gemüseeintöpfe: Ungewürzt zubereiten und am Ende prisenweise mit dem Gewürz und etwas Chilisalz würzen.

Zubereitungen aus Hülsenfrüchten, wie Bohneneintopf und -suppe, Bohnenaufstrich, Linsengemüse und Linsensuppe: Ungewürzt zubereiten und am Ende der Zubereitung mit dem Gewürz prisenweise abschmecken.

Gemüseauflauf: Gemüse für den Auflauf ungewürzt vorbereiten, mit Gemüsegewürz und Chilisalz würzen, mit den übrigen Zutaten in die Auflaufform schichten und fertigstellen.

Gemüsesalat: Gemüse dünsten, dämpfen oder braten, mit Gemüsegewürz und Chilisalz würzen und mit Marinade fertigstellen.

Schuhbecks Steak- und Grillgewürzzubereitung ist ideal zum Würzen von gegarten Kurzbratstücken aller Fleischsorten sowie von Geflügel geeignet. Außerdem kann sie zum Verfeinern von Gemüsezubereitungen und sogar von Fisch verwendet werden. In Verbindung mit Frischkäse entsteht ein raffinierter Brotaufstrich. Dosierung: etwa $1/2$ TL pro Portion.

Gewürzbutter: Fleisch und Geflügel ungewürzt zubereiten. 4 EL Butter, braune Butter oder mildes Olivenöl mit 1 bis 2 TL Steak- und Grillgewürz sanft erwärmen. Gegartes Fleisch oder Geflügel darin wenden oder damit bestreichen und ggf. noch etwas salzen.

Grillbutter: 250 g weiche Butter zusammen mit 2 EL Steak- und Grillgewürz schaumig schlagen und ggf. noch etwas salzen. Mithilfe von Backpapier zu Rollen formen, kühl stellen und bei Gebrauch in Scheiben schneiden.

Minutensteaks mit Sauce: Minutensteaks in einer Pfanne in möglichst wenig Fett rosa braten und aus der Pfanne nehmen. Den Bratsatz mit 100 ml Gemüse- oder Geflügelbrühe ablöschen, 1 TL Steak- und Grillgewürz dazugeben, auf die Hälfte einkochen lassen. 20 g kalte Butter hineinrühren und die Steaks darin nochmals kurz wenden.

Frischkäseaufstrich: 1 bis 2 TL Gewürz mit 1 EL heißer Brühe verrühren, 1 Minute quellen lassen und mit etwa 200 g Frischkäse verrühren. Nach Bedarf noch etwas salzen.

Glasur für gegrilltes oder gebratenes Fleisch oder Geflügel: 1 gestr. TL Speisestärke mit 1 EL kaltem Wasser glatt rühren. 4 EL Ahornsirup, je 2 EL Sake und helle Sojasauce aufkochen, die angerührte Speisestärke hineinrühren, kurz köcheln lassen, vom Herd nehmen und 1 EL Steak- und Grillgewürz hineinrühren. Gegartes Fleisch, helles Geflügel oder Ente damit vor dem Servieren bestreichen.

Asiatisches Wokgewürz würzt Wokgerichte aller Art sowie viele weitere asiatische Zubereitungen. Es passt zu Fleisch, Geflügel, Fisch, Gemüse, Suppen, Saucen, Reis- und Nudelgerichten. Dosierung: bis zu 1 TL pro Portion.

Wokgerichte: Am Ende der Zubereitung mit dem Gewürz verfeinern.

Reis: Ungewürzt zubereiten und am Schluss damit würzen.

Nudeln: 500 g Nudeln in Salzwasser sehr al dente vorkochen. 1/4 l Brühe, 100 g Schlagobers und 1 bis 2 EL Gewürz erhitzen und die Nudeln darin köcheln, bis die Flüssigkeit verkocht ist.

Frischkäseaufstrich: 1 bis 2 TL Gewürz mit 1 EL heißer Brühe verrühren, 1 Minute quellen lassen und mit etwa 200 g Frischkäse verrühren. Nach Bedarf noch etwas salzen.

Gemüsezubereitungen: Am Ende der Zubereitung prisenweise damit verfeinern.

Gemüsecremesuppen: Gemüse in Brühe weich garen, Gewürz, Schlagobers oder Kokosmilch hinzufügen und pürieren. Mit Chilisalz abschmecken, nach Belieben noch etwas kalte Butter einmixen.

Ras el Hanout ist ein Universalgewürz der marokkanischen Küche. Ideal passt es zu Schmorgerichten und Eintöpfen sowie zu Geflügel, Fisch, Faschiertem, Füllungen, Bulgur, Couscous, Linsen, Bohnen, Suppen und Saucen. Dosierung: etwa 1/2 TL pro Portion.

Faschiertes: Faschierten-Masse damit verfeinern und beliebig weiterverarbeiten, beispielsweise für faschierte Laibchen oder gefüllte Paprika.

Fleischragouts: Ragouts aus Rind, Kalb, Lamm, Schwein, Hähnchen oder Pute am Ende der Garzeit damit verfeinern.

Gebackenes Fischfilet: In das Ei für die Panade etwas Ras el Hanout rühren und die Filets mit Mehl, dem gewürzten Ei und Weißbrotbröseln panieren.

Linsen- und Bohnengerichte, Gemüsezubereitungen: Am Ende der Garzeit damit verfeinern.

Blumenkohlsuppe: Blumenkohl/Karfiol in Brühe weich garen, Gewürz und Schlagobers hinzufügen und pürieren. Mit Chilisalz abschmecken, nach Belieben noch etwas kalte Butter einmixen.

Joghurtdip: 2 TL Gewürz mit 2 EL heißer Gemüse- oder Geflügelbrühe verrühren und mit 200 g griechischem Joghurt und 1 EL mildem Olivenöl vermischen.

Schuhbeck Curry ist ideal für Currygerichte mit indischem Charakter. Es harmoniert mit allen Fleischsorten, wie Rind, Kalb, Lamm, Schwein, Kaninchen, und schmeckt mit Geflügel, wie Hühnchen, Truthahn und Ente. Auch lassen Gemüsesuppen, Saucen, Reisgerichte und Nudelzubereitungen sich damit verfeinern. Dosierung: bis zu 1 TL pro Portion.

Currygerichte: Ungewürzt zubereiten. Gegen Ende der Garzeit mit Curry würzen und nach Bedarf noch etwas Salz oder Chilisalz hinzufügen.

Gemüsesuppen, wie Kürbissuppe: Gemüse in Brühe weich garen, Gewürz, Schlagobers oder Kokosmilch hinzufügen und pürieren. Mit Chilisalz abschmecken, nach Belieben noch etwas kalte Butter einmixen.

Nudeln: 500 g Nudeln in Salzwasser sehr al dente vorkochen. 1/4 l Brühe, 100 g Schlagobers und 1 bis 2 EL Gewürz erhitzen und die Nudeln darin köcheln, bis die Flüssigkeit verdampft ist. Mit beliebigen weiteren Zutaten, wie Gemüse, Garnelen, Fleisch oder Schinken variieren.

Frischkäseaufstrich: 1 bis 2 TL Gewürz mit 1 EL heißer Brühe verrühren, 1 Minute quellen lassen und mit etwa 200 g Frischkäse verrühren. Nach Bedarf noch etwas salzen.

Grillbutter: 250 g weiche Butter zusammen mit 2 EL Curry schaumig schlagen, salzen und 1 EL frisch geschnittene Kräuter sowie je 1 Msp. abgeriebene unbehandelte Zitronen- und Orangenschale unterrühren. Mithilfe von Backpapier zu Rollen formen, kühl stellen und bei Gebrauch in Scheiben schneiden.

Tandoori Masala verleiht den Gerichten im Handumdrehen eine indische Note und eignet sich ideal zum Würzen von Tandoorigerichten aus Fleisch, insbesondere Lamm und Hähnchen. Außerdem passt es zu Fisch, Suppen, Tomatenzubereitungen, Hülsenfrüchten, Kartoffeln und Reisgerichten und wird den Zubereitungen am Ende beigefügt. Dosierung: etwa 1/2 TL pro Portion.

Tandoori: Die Joghurtmarinade für das jeweilige Tandoorigericht mit etwa 1 EL Gewürz auf 200 g Joghurt würzen und nach Rezept fertigstellen.

Fleisch: Ragouts und Schmorgerichte aus Rind, Kalb, Lamm, Schwein, Hähnchen oder Pute am Ende der Garzeit damit großzügig verfeinern.

Gewürzbutter: 4 EL warme Butter oder Öl mit 1 geh. TL Gewürz verrühren und gegartes Fleisch, Geflügel oder Fisch damit am Ende der Garzeit bestreichen.

Tomatensauce: Tomatensauce erhält einen indischen Charakter, wenn sie am Ende der Garzeit mit dem Tandoorigewürz prisenweise verfeinert wird.

Linsen- und Bohnengerichte, Reisgerichte: Am Ende der Garzeit mit dem Gewürz verfeinern.

Paella Gewürz ist ideal zum Würzen von Paella sowie für Risotto, Pilawreis, Nudeln, Couscous, Bulgur und Quinoa geeignet und wird den Gerichten am Ende der Garzeit zugegeben. Außerdem verfeinert es Gemüse, helle Saucen für Fisch oder Geflügel sowie Dips und Frischkäseaufstriche. Dosierung: etwa 1/2 TL pro Portion.

Paella: Den Reis nach Rezept leicht anbraten, mit Brühe auffüllen, das Gewürz einstreuen und zugedeckt fertigstellen. Die Paella kann mit beliebigen Zutaten variiert werden, beispielsweise mit Garnelen, Huhn, Fisch, Erbsen und Paprika.

Risotto und Pilawreis: Ungewürzt zubereiten und zum Schluss mit Paella Gewürz würzen.

Nudeln: 500 g Nudeln in Salzwasser sehr al dente vorkochen. 1/4 l Brühe, 100 g Schlagobers und 1 bis 2 EL Gewürz erhitzen. Die Nudeln darin köcheln, bis die Flüssigkeit verdampft ist. Mit beliebigen weiteren Zutaten wie Gemüse, Huhn oder Garnelen variieren.

Frischkäseaufstrich: 1 bis 2 TL Gewürz mit 1 EL heißer Brühe verrühren, 1 Minute quellen lassen und mit etwa 200 g Frischkäse verrühren. Nach Bedarf noch etwas salzen.

Gemüsezubereitungen: Am Ende der Zubereitung prisenweise damit verfeinern.

Kürbissuppe: Kürbis in Brühe weich garen, Gewürz und Schlagobers hinzufügen und pürieren. Mit Chilisalz abschmecken, nach Belieben noch etwas kalte Butter einmixen.

Penne all' arrabiata Gewürzzubereitung eignet sich ideal zum Würzen vom gleichnamigen italienischen Nudelklassiker „Penne all' arrabiata", sowie für viele andere Pastagerichte, Tomatensaucen und -suppen. Außerdem kann sie zum Verfeinern von Füllungen, Aufläufen, Gemüsegerichten, Gemüseeintöpfen, Joghurtdips, Frischkäsezubereitungen, Brotaufstrichen und Kräuterbutter verwendet werden. Dosierung: bis zu 1 TL pro Person.

Penne all' arrabiata: 500 g Penne (wahlweise andere Nudeln) in Salzwasser 2 bis 3 Minuten kürzer garen, als auf der Packung angegeben, in ein Sieb abgießen und abtropfen lassen. In einer großen tiefen Pfanne 300 ml Gemüse- oder Geflügelbrühe mit 2 EL Gewürz erhitzen. Die vorgegarten Nudeln hinzufügen und etwa 2 Minuten garen, bis sie fast die gesamte Flüssigkeit aufgenommen haben. Die Pfanne vom Herd nehmen, 1 EL frisch geschnittene Petersilie und 2 EL mildes Olivenöl unterrühren. Anrichten und mit Parmesan bestreuen. Nach Belieben halbierte Cocktailtomaten unterziehen.

Tomatensauce: Ungewürzt fertigstellen. Zum Schluss pro Portion 1/2 bis 1 TL Gewürz einrühren. Mit Salz abschmecken.

Gemüseeintopf, Minestrone: Das klein geschnittene Gemüse in Gemüse- oder Geflügelbrühe ohne weitere Gewürze als Eintopf fertigstellen. Zum Schluss 1/2 bis 1 TL Nudelgewürz pro Portion hineinrühren und mit Salz abschmecken. Nach Belieben zusätzlich frische Kräuter einrühren.

Frischkäseaufstrich: 3 EL Gemüse- oder Geflügelbrühe erhitzen, 1 EL Gewürz hineinrühren, vom Herd nehmen und 1 Minute quellen lassen. Mit 200 g Frischkäse verrühren, nach Belieben 1 EL mildes Olivenöl oder braune Butter unterrühren und salzen.

Dip: 1 EL Gewürz mit 2 EL heißer Gemüse- oder Geflügelbrühe verrühren und mit 200 g griechischem Joghurt und 1 EL mildem Olivenöl verrühren.

Zauberbrühe Gemüse Für eine klare Gemüsebrühe 1 TL Schuhbecks Zauberbrühe Gemüse in 1/4 l heißes Wasser einrühren. Die Gemüsebrühe kann mit verschiedenen Einlagen wie Suppennudeln, Gemüse und vielem mehr serviert werden. Zudem ist sie eine ideale Basis für die vegetarische und vegane Küche.

Zauberbrühe Rind Für eine klare Rinderbrühe 2 leicht geh. TL Schuhbecks Zauberbrühe Rind in 1/4 l heißes Wasser einrühren. Die Brühe kann mit verschiedenen Einlagen wie Grießnockerln und vielem mehr serviert werden. Zudem ist sie gut als Basis für Suppen, Eintöpfe, Saucen und Schmorgerichte geeignet.

Zauberbrühe Geflügel Für eine klare Geflügelbrühe 2 leicht geh. TL Schuhbecks Zauberbrühe Geflügel in 1/4 l heißes Wasser einrühren. Die Geflügelbrühe kann mit verschiedenen Einlagen wie Maultaschen und vielem mehr serviert werden. Sie ist auch eine feine Basis für Suppen, Eintöpfe, Saucen und Schmorgerichte.

Lavendel-Gewürzsalz „Südfranzösischer Art“ salzt die Speisen und verleiht ihnen gleichzeitig ein sonniges, süß-würziges, dezent-liebliches Aroma. Hervorragend passt es zu gegrillten Calamari, Jakobsmuscheln, gegrilltem Fenchel-Paprika-Gemüse, gebratenem und gegrilltem Fisch, zu Feta, Lamm, Hühnchen und Pute. Es sollte auf keinen Fall mitgekocht werden, sondern wird ganz zum Schluss auf das jeweilige Gericht gestreut. So entfaltet sich sein Aroma optimal, welches sich durch eine Balance von feiner Würze und dezentem Blütenduft auszeichnet. Das Salz sollte eher feinfühlig dosiert werden.

Tomaten-Mozzarella-Gewürzsalz salzt die Speisen und verleiht ihnen gleichzeitig mediterranes Aroma und milde Schärfe. Es ist ideal für Tomaten-Mozzarella-Salat und andere Tomatenzubereitungen geeignet, wie Tomatensalat, -sauce, -suppe und Grilltomaten. Zudem verfeinert es italienische Antipasti, Gemüsesalate, Grillgemüse, Crostini, Kräuterbutter, Gremolata, Salatmarinaden, Frischkäseaufstriche, Dips und Eierspeisen. Als Tischsalz würzt es Tomatenbrote, Salate und vieles mehr und ist auch eine beliebte Feinwürze für vegetarische Gerichte. Die Speisen zum Schluss damit würzen. Je nach gewünschter Intensität und Salztoleranz kann es sparsam bis großzügig dosiert werden.

Chili Salz mild salzt die Speisen und verleiht ihnen gleichzeitig etwas Schärfe. Es ist ein äußerst vielseitig einsetzbares Salz und eine ideale Feinwürze für alle herzhaften Speisen von gegrillt bis geschmort, von Suppen und Saucen bis zu Gebackenem und Frittiertem, von asiatischen Wokgerichten bis hin zu orientalischen Eintöpfen. Ebenso gut eignet es sich zum Würzen von Brotaufstrichen, Dips, Salatsaucen, Salaten, Kräuterbutter und vielen weiteren Zubereitungen der kalten Küche. Die Speisen zum Schluss damit würzen. Je nach gewünschter Schärfe und Salztoleranz kann es sparsam bis großzügig dosiert werden.

Ingwer-Knoblauch Gewürzsalz salzt die Speisen und verleiht ihnen gleichzeitig in einem ausgewogenen Verhältnis Ingwer- und Knoblauchwürze. Es ersetzt frischen Knoblauch und frischen Ingwer. Es ist ein äußerst vielseitig einsetzbares Salz und eine ideale Feinwürze für alle herzhaften Speisen von gegrillt bis geschmort, von Suppen und Saucen über asiatische Wokgerichte bis hin zu orientalischen Eintöpfen. Ebenso gut eignet es sich zum Würzen von Brotaufstrichen, Dipsaucen, Salatsaucen, Gemüse- und Partysalaten, Kräuterbutter, Kräutertopfen und vielen weiteren Zubereitungen der kalten Küche. Die Speisen zum Schluss damit feinfühlig würzen.

Rot grünes Chili Gewürzsalz mit Vanille salzt die Speisen und verleiht ihnen gleichzeitig etwas Schärfe, sowie eine dezente Vanillenote. Es ist ein äußerst vielseitig einsetzbares Salz und eine ideale Feinwürze für alle herzhaften Speisen, insbesondere für Fisch, Krustentiere und Meeresfrüchte sowie für Geflügel, Kurzbratstücke von Kalb, Lamm, Schwein und Rind. Außerdem verfeinert es Fisch- und Geflügelsaucen, Dips, Gemüsegerichte, Frischkäseaufstriche, Kräuterbutter, -topfen und harmoniert ausgezeichnet mit Käsezubereitungen. Es wird feinfühlig dosiert und kann ggf. zusätzlich durch etwas Salz ergänzt werden.

Thai Curry Gewürzsalz salzt die Speisen und verleiht ihnen gleichzeitig eine asiatische Gewürznote. Es ist ideal zum Würzen von thailändischen und asiatischen Gerichten geeignet. Es verfeinert Wokgerichte mit Gemüse, Fisch oder Fleisch sowie Suppen, Eintöpfe, helle Saucen und Gerichte mit Kokosmilch. Ausgezeichnet eignet es sich zudem zum Würzen von Frittiertem und verfeinert Kräuterbutter, Salatsaucen, Salate, Joghurtdips, Frischkäseaufstriche und weitere Zubereitungen der kalten Küche. Die Speisen zum Schluss je nach Belieben sparsam bis großzügig damit würzen.

Chili Salz ist universell einsetzbar und eignet sich für alle herzhaften Zubereitungen. Chilischärfe und Salz liefern den richtigen Pep für Fleisch, Geflügel oder Gemüse. Ideal ist es außerdem als Tischmühle zum Nachwürzen geeignet. Wenn die Schärfe etwas kräftiger sein darf, wird ausschließlich Chilisalz verwendet. Soll das jeweilige Gericht nur eine feine Schärfe erhalten, wird nur ein Teil des benötigten Salzes durch Chilisalz ersetzt.

Füllungen: Hackfleischfüllungen sowie andere Füllungen beliebig würzen und nach Geschmack mit Chilisalz abrunden.

Steaks und Kurzbratstücke: Die Fleischstücke braten, zum Schluss mit beliebigen Gewürzen verfeinern und nach Geschmack mit Chilisalz würzen.

Saucen und Suppen: Am Ende der Garzeit mit beliebigen Gewürzen verfeinern und nach Geschmack mit Chilisalz würzen.

Salatsaucen und Dip: Nach Rezept zubereiten und das Salz durch Chilisalz ersetzen oder je nach Schärfeempfinden nur einen Teil des Salzes ersetzen.

Gemüse: Beliebig zubereiten und würzen und zum Schluss mit Chilisalz abschmecken.

Nudel-Gewürzmischung „Italienischer Art" eignet sich ideal zum Würzen von Nudelgerichten, besonders für Pasta mit Tomatenanteil. Sie kann großzügig verwendet werden. Außerdem ist sie als praktische Tischmühle zum Nachwürzen geeignet.

Nudeln: Beliebige Nudelsorten ungewürzt zubereiten und zum Schluss großzügig aus der Mühle würzen.

Nudelsaucen wie Sauce bolognese, Tomatensauce: Die Saucen ungewürzt zubereiten und am Ende mit Chilisalz und dem Italienischen Nudelgewürz aus der Mühle würzen.

Lasagne und Cannelloni: Faschierte Fülle ungewürzt zubereiten und zum Schluss mit Chilisalz und Italienischem Nudelgewürz aus der Mühle großzügig würzen.

Nudelsalate: Ungewürzt zubereiten und zum Schluss damit großzügig würzen. Nach Bedarf mit Chilisalz und Pfeffer nachwürzen.

Brotzeit Gewürzzubereitung ist ein ideales Tischgewürz für Jausen, Frühstück und zum Brunch. Außerdem passt sie zum Picknick und ist ein beliebter Begleiter für viele weitere Genuss-Gelegenheiten unterwegs, z. B. beim Campen oder Wandern.

Brotaufstriche: Beliebige Brotsorten mit Aufstrichen Butter, Frischkäse, Hüttenkäse, Topfen damit bestreuen und genießen.

Belegte Brote: Sandwiches, Toasts, Schnittlauchbrot, Tomatenbrot, Radieschenbrot, Käsebrot und Tramezzini aus der Brotzeitmühle würzen. Dabei kann entweder der Aufstrich oder der Belag gewürzt werden.

Wurstsalat: Nach Belieben zum Schluss mit dem Brotzeitgewürz verfeinern.

Ofenkartoffel mit Kräuterquark: Nach Belieben zusätzlich mit der Brotzeitmühle würzen.

Salat Gewürzzubereitung eignet sich ideal zum Würzen von Blatt- und Gemüsesalaten sowie zum Verfeinern von Nudel-, Kartoffel- oder Reissalat, Couscous- oder Bulgursalat. Außerdem ist das Gewürz als praktische Tischmühle zum Nachwürzen geeignet.

Salatsaucen für Blattsalate und Gemüsesalate: Die Salatsauce mit dem Salat Würzer würzen, nach Bedarf noch etwas salzen und mit 1 Prise Zucker abrunden.

Kartoffelsalat: Die Brühe für die Marinade erhitzen, vom Herd nehmen, mit dem Salat Würzer großzügig würzen. Die Marinade mit den restlichen Zutaten, wie Senf, Essig und Zucker, fertigstellen und die warmen Kartoffelscheiben damit marinieren. Öl oder braune Butter zum Schluss hinzufügen.

Wurstsalat: Die Marinade ohne weitere Gewürze zubereiten und mit der Salat Gewürzzubereitung und Salz oder nach Belieben mit Chilisalz würzen. Optimal entfaltet sich das Aroma, wenn die Gewürze aus dem Salat Würzer in das für die Marinade benötigte Wasser bzw. die Brühe gemahlen werden.

Tomatensalat, Tomaten-Mozzarella-Salat: Tomaten- (und Mozzarella-)scheiben auf Tellern anrichten, nach Belieben mit Zwiebelwürfeln bestreuen, mit Essig und Öl beträufeln, den Salat Würzer aus der Mühle darübermahlen und mit Salz oder nach Belieben mit Chilisalz würzen.

Wiener Melange Zubereitung mit Gewürzen ist ideal für die Kaffeeküche und als Tischgewürz geeignet. Bei Bedarf wird die Gewürzmischung frisch aus der Mühle gemahlen. Im Handumdrehen verleiht sie den jeweiligen Zubereitungen eine feinwürzige Kaffeenote. Ausgezeichnet passt sie zu Cappuccino und Latte Macchiato sowie zu heißer Schokolade oder Süßspeisen wie Tiramisu.

Cappuccino, Espresso: Auf den Milchschaum, bzw. die Crema mahlen. Oder: Nach Belieben in die leere Kaffeetasse mahlen, dann mit Kaffee aufgießen.

Filterkaffee: In das Kaffeepulver mahlen, aufbrühen.

Eiskaffee: Auf die Schlagsahne mahlen.

Tiramisu: Beim Anrichten darübermahlen oder nach Belieben die Kaffeetränke oder die Mascarponecreme damit verfeinern.

Gewürzsahne: Schlagsahne damit aromatisieren und beim Anrichten darübermahlen. Passt zu Kuchen und Desserts.

Schokomousse: Unter die Mousse heben oder beim Anrichten darübermahlen.

Dessert Zubereitung mit Gewürzen ist ideal zum Verfeinern von Desserts, Süßspeisen, Gebäck, Kuchen, Puddings, Eis und Eisbechern. Zudem ist sie ein raffiniertes Tischgewürz zur Nachspeise oder für die Kaffeetafel und verfeinert auch Heißgetränke, wie Kakao.

Eisbecher: Auf das Schlagobers, bzw. den fertig angerichteten Eisbecher mahlen.

Cremes, Mousses, Puddings: In die Masse rühren oder beim Anrichten auf darübermahlen.

Gebäck, Kuchen: Nach Belieben in Teig, Füllung oder Belag mahlen, dabei großzügig verwenden.

Vorspeisen & kleine Gerichte

Lauwarmer Gemüsesalat mit Eierschwammerln und Senfdressing

Zutaten für 4 Personen

Für das Gemüse:
100 g Brokkoli · Salz
je 1 gelbe und orangefarbene Karotte · 1 Petersilienwurzel
1 Stange Staudensellerie
1 kleine Fenchelknolle
1 rote Paprikaschote
1/2 Zucchino · 100 g Pfifferlinge (Eierschwammerl; ersatzweise Kräuterseitlinge oder Champignons)
1/4 l Gemüsebrühe
1 Streifen unbehandelte Zitronenschale
Ingwer-Knoblauch-Salz
1 TL Gemüsegewürz

Für das Dressing:
1 TL Dijon-Senf
1–2 EL Weißweinessig · Salz
Pfeffer aus der Mühle
Chilipulver · Zucker
2–3 EL mildes Olivenöl

1 Für das Gemüse den Brokkoli putzen, waschen und in kleine Röschen teilen. In Salzwasser einige Minuten gerade weich garen, in ein Sieb abgießen, kalt abschrecken und abtropfen lassen.

2 Die Karotten und die Petersilienwurzel putzen, schälen und in 4 bis 5 mm dicke Scheiben schneiden. Den Sellerie putzen, waschen und schräg in Scheiben schneiden. Den Fenchel putzen, waschen und in 1 1/2 bis 2 cm große Stücke schneiden. Die Paprikaschote längs halbieren, entkernen, waschen, mit dem Sparschäler schälen und in 1 1/2 bis 2 cm große Stücke schneiden. Den Zucchino putzen, waschen, längs halbieren und in 1/2 cm dicke Scheiben schneiden. Die Pilze putzen und, falls nötig, kurz waschen, trocken reiben und in Stücke schneiden.

3 Die Karotten und die Petersilienwurzel mit der Brühe in einen Topf geben. Ein Blatt Backapier darauflegen und das Gemüse bei milder Hitze 6 bis 7 Minuten dünsten. Dann Sellerie, Fenchel und Paprika dazugeben und alles weitere 5 Minuten garen. Zucchino und Pilze dazugeben und weitere 2 Minuten garen. Vom Herd nehmen, die Zitronenschale hinzufügen und einige Minuten darin ziehen lassen. Das Gemüse in ein Sieb abgießen, dabei den Sud auffangen. Das Gemüse mit etwas Ingwer-Knoblauch-Salz und dem Gemüsegewürz abschmecken.

4 Für das Dressing in einen hohen Rührbecher 100 ml Gemüsesud gießen, Senf und Essig hinzufügen. Alles mit Salz, Pfeffer sowie je 1 Prise Chilipulver und Zucker würzen. Das Olivenöl mit dem Stabmixer unterrühren und das Dressing nochmals abschmecken. Alle Gemüsesorten mit dem Dressing mischen, 10 Minuten ziehen lassen und den Gemüsesalat vor dem Servieren nochmals abschmecken. Der lauwarme Gemüsesalat passt zu Fleisch, Geflügel und Fischgerichten.

Lauwarme Tafelspitzscheiben mit Kürbismarinade

Zutaten für 4 Personen

Für den Tafelspitz:
1 EL braune Butter (siehe Tipp unten)
750 g Tafelspitz · Salz
1 braunschalige Zwiebel
100 g Knollensellerie
1 Karotte
1/2 Stange Lauch
1 Stiel Petersilie
1/4 TL schwarze Pfefferkörner
2 Wacholderbeeren
1/2 Lorbeerblatt

Für die Kürbismarinade:
1 Handvoll gemischte kleine Salatblättchen (z. B. Feldsalat, Friséesalat, Kopfsalat, Rucola)
1 Handvoll gemischte Kräuterblätter (z. B. Basilikum, Dill, Kerbel, Sellerie)
2 EL Kürbiskerne
mildes Chilisalz
100 g eingelegte Kürbiswürfel
1/8 l Kürbis-Einlegesud
Salatgewürz (aus der Mühle)
Pfeffer aus der Mühle
2 EL Kürbiskernöl (ersatzweise Olivenöl)
1 TL Olivenöl

1 Für den Tafelspitz die braune Butter in einer großen Pfanne erhitzen und den Tafelspitz darin bei mittlerer Hitze rundum anbraten. Den Tafelspitz in einen großen Topf geben und etwa 1 1/2 l Wasser angießen, sodass das Fleisch gut bedeckt ist. Etwas Salz dazugeben und den Tafelspitz bei milder Hitze knapp unter dem Siedepunkt 3 Stunden mehr ziehen als köcheln lassen, bis das Fleisch weich ist. Den dabei aufsteigenden Schaum abschöpfen.

2 Die Zwiebel waschen, ungeschält halbieren und die Schnittfläche in einer unbeschichteten Pfanne ohne Fett dunkel bräunen. Den Sellerie und die Karotte putzen und schälen, den Lauch putzen und waschen. Den Petersilienstiel waschen. Das Gemüse mit den Zwiebelhälften und der Petersilie nach 2 Stunden zur Brühe geben. Pfefferkörner, Wacholderbeeren und Lorbeerblatt etwa 30 Minuten vor Ende der Garzeit dazugeben.

3 Für die Kürbismarinade die Salat- und Kräuterblätter waschen und trocken schleudern. Die Kürbiskerne in einer Pfanne ohne Fett einige Minuten rösten und mit Chilisalz würzen.

4 Den Tafelspitz aus der Brühe nehmen, kurz ruhen lassen und quer zur Faser in dünne Scheiben schneiden. Auf vorgewärmte Teller verteilen, mit den Kürbiswürfeln bestreuen, etwa 110 ml Einlegesud darüberträufeln und mit Chilisalz, Salatgewürz und Pfeffer würzen. Dann mit dem Kürbiskernöl beträufeln und mit den Kürbiskernen bestreuen.

5 Die Salat- und Kräuterblätter mit dem restlichen Einlegesud und dem Olivenöl mischen und mit Chilisalz würzen. Den Tafelspitz mit den marinierten Salat- und Kräuterblättern garnieren.

Tipp

Braune Butter hat ein nussiges Aroma und verfeinert viele Gerichte: Für etwa 200 g braune Butter 250 g Butter in einem Topf bei milder Hitze zerlassen. Dann etwa 10 Minuten köcheln lassen, bis sie goldbraun ist. Die Butter durch ein mit einem Küchenpapier ausgelegtes Sieb gießen und auffangen. Abkühlen lassen und in ein gut verschließbares Glas füllen. So hält sie im Kühlschrank mindestens 8 Wochen.

Spargel mit gebeiztem Saibling und Eiermarinade

Zutaten für 4 Personen

Für den Saibling:
2 TL Korianderkörner
1 TL schwarze Pfefferkörner
1 EL Wacholderbeeren
je 1 TL Fenchelsamen und Senfkörner
4 Saiblingsfilets (à 80 g; küchenfertig, mit Haut)
50 g Salz · 3 EL Zucker
je 1 EL Petersilienblätter und Dillspitzen (frisch geschnitten)
je 1 EL abgeriebene unbehandelte Zitronen- und Orangenschale

Für den Spargel:
8 Stangen weißer Spargel
1–2 EL Salz · 1 EL Zucker

Für die Marinade:
2 Eier (hart gekocht)
80 ml Gemüsebrühe
1/2 TL scharfer Senf
1–2 EL Rotweinessig
3–4 EL mildes Olivenöl
Salz · Pfeffer aus der Mühle
Zucker

Außerdem:
1 EL Schnittlauchröllchen
Salatgewürz (aus der Mühle)

1 Am Vortag für den gebeizten Saibling die Koriander- und die Pfefferkörner, die Wacholderbeeren, die Fenchelsamen und die Senfkörner in einer Pfanne ohne Fett anrösten. Die Gewürzmischung im Blitzhacker oder im Mörser fein mahlen.

2 Die Saiblingsfilets waschen und trocken tupfen. Das Salz, den Zucker, die Gewürzmischung, die Petersilie, den Dill und die Zitronen- und Orangenschale in einer kleinen Schüssel vermischen. Die Saiblingsfilets auf beiden Seiten damit bestreichen und in Frischhaltefolie gewickelt zugedeckt im Kühlschrank über Nacht ziehen lassen.

3 Am nächsten Tag für den Spargel die Spargelstangen schälen und die holzigen Enden entfernen. In einem großen, breiten Topf 2 l Wasser zum Kochen bringen und das Salz und den Zucker hinzufügen. Die Spargelstangen darin je nach Dicke 8 bis 10 Minuten kochen.

4 Den Spargel herausnehmen, kalt abschrecken und abtropfen lassen. Bis zur Verwendung zugedeckt bei Zimmertemperatur beiseitestellen.

5 Für die Marinade die Eier pellen und halbieren. Die Eiweiße und die Eigelbe trennen und separat klein hacken.

6 Die Brühe in einer kleinen Schüssel mit dem Senf, dem Essig und dem Olivenöl mit dem Schneebesen verrühren. Die Marinade mit Salz, Pfeffer und 1 Prise Zucker herzhaft abschmecken und zum Schluss die gehackten Eier unterrühren.

7 Zum Servieren je 2 Spargelstangen auf einen großen Teller legen, mit der Eiermarinade beträufeln und mit den Schnittlauchröllchen bestreuen. Den gebeizten Saibling herausnehmen, die Marinade mit dem Messerrücken von den Fischfilets abstreifen, dabei die Haut mit entfernen. Den Saibling in Scheiben schneiden, zu dem Spargel anrichten und alles mit Salatgewürz aus der Mühle würzen. Nach Belieben mit marinierten Salatblättchen und Blüten garnieren.

Tipp

Statt des Saiblings können Sie auch Forellenfilets, Lachsscheiben oder rohe Thunfischscheiben verwenden. Letztere noch mit ein paar Tropfen Zitronensaft, etwas Olivenöl, Salz und Pfeffer aus der Mühle marinieren. Die Hälfte des Spargels können Sie durch grünen Spargel ersetzen.

Eingelegtes Gemüse mit Garnelen

Zutaten für 4 Personen

Für das Gemüse:
2 kleine Karotten · Salz
1 kleine Fenchelknolle
1/2 –1 kleiner Zucchino
je 1 rote und gelbe Paprikaschote
1 weiße Zwiebel
5–6 EL Olivenöl
1 Knoblauchzehe
2 kleine Zweige Thymian
1 EL Apfelessig
Pfeffer aus der Mühle
mildes Chilipulver · Zucker

Für die Garnelen:
400 g Riesengarnelen
1 TL Olivenöl
2–3 EL braune Butter (siehe Tipp S. 22)
1 Knoblauchzehe
2 Scheiben Ingwer
1/2 ausgekratzte Vanilleschote
1 Splitter Zimtrinde
Chilisalz

1 Für das Gemüse die Karotten putzen, schälen und in dünne Scheiben schneiden. Die Karottenscheiben in kochendem Salzwasser 4 Minuten bissfest blanchieren. In ein Sieb abgießen, kalt abschrecken und abtropfen lassen.

2 Den Fenchel putzen, waschen und in 3 mm dicke Scheiben schneiden, sodass der Strunk die Blätter zusammenhält, und die Scheiben nochmals längs halbieren. Den Zucchino putzen, waschen und in 3 mm dicke Scheiben schneiden. Die Paprikaschoten längs vierteln, entkernen, waschen und in etwa 2 cm große Stücke schneiden. Die Zwiebel schälen und in 2 bis 3 cm große Scheiben schneiden.

3 Die Fenchel- und Zucchinischeiben nacheinander in 2 EL Olivenöl bei milder Hitze auf beiden Seiten anbraten und auf Küchenpapier abtropfen lassen. In einer weiteren Pfanne die Paprikastücke mit den Zwiebelblättern in 1 EL Olivenöl 2 Minuten anbraten. Den Knoblauch schälen und in Scheiben schneiden. Mit dem Thymian und den Karottenscheiben in die Pfanne geben. Die Gemüse-Gewürz-Mischung mit dem Fenchel und den Zucchinischeiben in eine Form füllen. Den Essig und das restliche Olivenöl darüberträufeln und alles gut vermischen. Das Gemüse mit Salz, Pfeffer und je 1 Prise Chilipulver und Zucker würzen.

4 Für die Garnelen die Riesengarnelen schälen, am Rücken entlang einschneiden und den Darm entfernen. Die Garnelen waschen, trocken tupfen und längs halbieren. Das Olivenöl in einer Pfanne erhitzen und die Garnelen darin bei milder Hitze etwa 1 Minute anbraten. Wenden, die Pfanne vom Herd nehmen und die Garnelen in der Resthitze noch etwa 1 Minute ziehen lassen. Die Garnelen auf einem vorgewärmten Teller beiseitestellen.

5 Das Fett mit Küchenpapier aus der Pfanne tupfen und die braune Butter darin bei milder Hitze zerlassen. Den Knoblauch schälen und in Scheiben schneiden. Mit dem Ingwer, der Vanilleschote und dem Zimt dazugeben.

6 Die Garnelen nochmals in der Gewürzbutter erwärmen und mit Chilisalz würzen. Das Gemüse auf Teller verteilen und die Garnelen daraufsetzen.

Tipp

Statt der ganzen Gewürze für die Garnelen wie Knoblauch, Ingwer, Vanilleschote und Zimtrinde können Sie auch 1 TL Karibisches Scampi- und Fischgewürz verwenden.

Marinierter Lachs auf Gurken-Ingwer-Salat

Zutaten für 4 Personen

Für den Lachs:
65 g Salz
25 g Zucker
1/2 EL grob geschroteter schwarzer Pfeffer
2 EL Karibisches Scampi- und Fischgewürz
1 kg Lachsfilet (ohne Haut und Gräten)

Für den Gurken-Ingwer-Salat:
2 Salatgurken
4 EL eingelegter Ingwer mit Einlegesud (aus dem Asienladen)
200 g saure Sahne
1–2 EL Zitronensaft
1 EL mildes Olivenöl
Chilisalz aus der Mühle · Zucker
1 EL klein gezupfter Dill

1 Am Vortag für den Lachs das Salz mit dem Zucker, dem Pfeffer und dem Karibischen Scampi- und Fischgewürz mischen. Das Lachsfilet waschen und trocken tupfen. Mit dem Gewürzsalz auf beiden Seiten gleichmäßig bestreuen, dabei das Salz leicht einmassieren.

2 Das Lachsfilet in Frischhaltefolie wickeln, in eine große Form legen und bei Zimmertemperatur 2 bis 3 Stunden stehen lassen, bis sich Flüssigkeit gebildet hat. Dann im Kühlschrank 10 bis 12 Stunden unter häufigem Wenden marinieren.

3 Am nächsten Tag das marinierte Lachsfilet unter fließendem kaltem Wasser waschen und trocken tupfen. Das Lachsfilet in 1/2 cm breite Streifen oder in schmale Stücke schneiden.

4 Für den Gurken-Ingwer-Salat die Gurken waschen und auf dem Gemüsehobel in dünne Scheiben hobeln. Den eingelegten Ingwer in feine Streifen schneiden, unter die Gurken mischen. Mit 1 EL Einlegesud, der sauren Sahne, dem Zitronensaft und dem Olivenöl abschmecken. Mit Chilisalz und 1 Prise Zucker würzen. Den Dill untermischen.

5 Den Gurken-Ingwer-Salat auf Teller verteilen und den marinierten Lachs darauf anrichten.

Tipp

Da der Lachs ohne Haut gebeizt wird, kann die Marinade von allen Seiten direkt auf das zarte Fischfleisch einwirken, was die Dauer des Marinierens erheblich verkürzt. Weil die durch die Einwirkung von Salz und Zucker entstehende Würzflüssigkeit jedoch nach unten absinkt, ist es wichtig, das Fischfilet häufig zu wenden. Zum Servieren wird der Lachs am besten senkrecht mit einem sehr scharfen Messer in schmale Scheiben geschnitten.

Erdäpfelsuppe mit Schwammerlgröstl und Speck

Zutaten für 4 Personen

Für die Erdäpfelsuppe:
1/2 Zwiebel
50 g Knollensellerie
1 kleine Karotte
3/4 l Hühnerbrühe
2 mehligkochende Kartoffeln (Erdäpfel) (ca. 250 g) · Salz
1 Lorbeerblatt · 1 kleine getrocknete rote Chilischote
150 g Sahne · 20 g kalte Butter
1 EL Bratkartoffelgewürz
1 Msp. abgeriebene unbehandelte Zitronenschale

Für das Schwammerlgröstl:
60 g kleine Pfifferlinge (Eierschwammerl)
60 g Steinpilze
1 Frühlingszwiebel
1 TL braune Butter (siehe Tipp S. 22)
mildes Chilisalz
1 Msp. abgeriebene unbehandelte Zitronenschale
1 TL Petersilienblätter (frisch geschnitten)

Außerdem:
4 Scheiben Frühstücksspeck (hauchdünn geschnitten)
1 EL Öl
1 Zweig frisches Bohnenkraut

1 Für die Suppe die Zwiebel, den Sellerie und die Karotte schälen und in 5 bis 7 mm große Würfel schneiden. Die Brühe in einem Topf aufkochen und die Gemüsewürfel darin knapp unter dem Siedepunkt etwa 20 Minuten weich ziehen lassen.

2 Die Kartoffeln schälen, waschen und ebenfalls in kleine Würfel schneiden. In einem Topf ausreichend Salzwasser erhitzen, das Lorbeerblatt und die Chilischote sowie die Kartoffelwürfel dazugeben und knapp unter dem Siedepunkt etwa 20 Minuten gar ziehen lassen. Anschließend das Lorbeerblatt und die Chili wieder entfernen, die Kartoffeln in ein Sieb abgießen und in die Brühe zum Gemüse geben.

3 Die Sahne und die kalte Butter zur Suppe hinzufügen und alles mit dem Stabmixer fein pürieren. Mit dem Bratkartoffelgewürz sowie der Zitronenschale würzen und einige Minuten ziehen lassen. Die Zitronenschale vor dem Servieren wieder entfernen.

4 Inzwischen für das Gröstl die Pfifferlinge gründlich putzen und, falls nötig, mit Küchenpapier trocken abreiben. Die Steinpilze ebenfalls putzen, falls nötig, trocken abreiben und in grobe Stücke schneiden. Die Frühlingszwiebel putzen, waschen und schräg in 1 bis 2 cm große Stücke schneiden. Die braune Butter in einer Pfanne erhitzen und die Pilze und Frühlingszwiebeln darin bei mittlerer Hitze einige Minuten anbraten, mit Chilisalz, Zitronenschale und Petersilie würzen.

5 Die Speckscheiben jeweils in 3 Stücke schneiden. Das Öl in einer Pfanne erhitzen und den Speck darin bei mittlerer Hitze auf beiden Seiten knusprig braten, auf Küchenpapier abtropfen lassen.

6 Die Pilze in vorgewärmte tiefe Teller verteilen. Die Suppe nochmals kurz mit dem Stabmixer aufschäumen und über die Pilze schöpfen. Den kross gebratenen Speck darauflegen und alles mit Bohnenkrautblättchen garnieren.

Tipp

Werden die Kartoffeln separat in leicht gesalzenem Wasser gekocht, „verschleimt“ die Kochbrühe nicht und die Suppe schmeckt feiner. Wenn Sie noch 1 Lorbeerblatt und 1/2 Chilischote in das Kochwasser geben, erhalten die Kartoffeln zusätzlich Geschmack.

Selleriesuppe mit Zimt-Apfel und Walnüssen

Zutaten für 4 Personen

Für die Suppe:
1 kleine Sellerieknolle (ca. 800 g)
1 l Gemüse- oder Hühnerbrühe
200 g Sahne
50 g kalte Butter
Salz · Pfeffer aus der Mühle
1/2 –1 TL Gemüsegewürz

Für den Zimt-Apfel:
1 rotschaliger Apfel
1–2 TL Puderzucker
1 EL Butter
1 Stück Zimtrinde

Außerdem:
2 EL grob gehackte Walnüsse

1 Für die Suppe den Sellerie putzen, schälen und in etwa 1 cm große Würfel schneiden. Die Brühe in einem Topf erhitzen und den Sellerie darin knapp unter dem Siedepunkt etwa 20 Minuten weich garen.

2 Die Sahne und die kalte Butter hinzufügen und alles mit dem Stabmixer pürieren. Mit Salz, Pfeffer und dem Gemüsegewürz abschmecken.

3 Für den Zimt-Apfel den Apfel waschen, vierteln, entkernen und in Spalten schneiden. Den Puderzucker in einer Pfanne bei mittlerer Hitze hell karamellisieren. Die Apfelspalten auf beiden Seiten darin andünsten, die Butter dazugeben, zerlassen und etwas Zimt frisch darüberreiben.

4 Die Suppe mit dem Stabmixer nochmals aufschäumen und auf vorgewärmte tiefe Teller verteilen. Die Apfelspalten hinzufügen und die Suppe mit den Walnüssen bestreuen.

Tipp

Auf die gleiche Weise können Sie auch Kürbissuppe zubereiten: Dafür den Muskatkürbis schälen, die Kerne mit einem Löffel entfernen und das Fruchtfleisch in 1 cm große Würfel schneiden. Dann wie im Rezept beschrieben fortfahren. Bestreuen Sie die Suppe vor dem Servieren mit Kürbiskernen statt mit Walnüssen. Die Kürbiskerne vorher in einer Pfanne ohne Fett leicht anrösten.

Maronensuppe mit Portwein und Schokolade

Zutaten für 4 Personen

Für die Suppe:
1 TL Puderzucker
50 ml roter Portwein
800 ml Geflügelbrühe
350 g gegarte Maronen (vakuumverpackt)
200 g Sahne
1/2 TL gehackte Zartbitterkuvertüre
1/4 ausgekratzte Vanilleschote
1 Msp. abgeriebene unbehandelte Orangenschale
30 g kalte Butter · Salz
mildes Chilipulver
1/2 –1 TL Gemüsegewürz

Für die Einlage:
80 g gegarte Maronen (vakuumverpackt)
80 g Champignons
8 Rosenkohlröschen · Salz
1 EL braune Butter (siehe Tipp S. 22)
mildes Chilisalz

Für die Croûtons:
1 Scheibe Toast- oder Schwarzbrot · 1 EL Butter

1 Für die Suppe den Puderzucker in einen Topf stäuben und bei mittlerer Hitze goldbraun karamellisieren. Mit dem Portwein ablöschen und auf ein Drittel einköcheln lassen.

2 Die Brühe mit den Maronen in einem Topf aufkochen lassen. Die Sahne hinzufügen und alles mit dem Stabmixer pürieren. Den eingekochten Portwein und die Kuvertüre zur Suppe geben. Die Vanilleschote hinzufügen, 1 bis 2 Minuten in der Suppe ziehen lassen und wieder entfernen. Die Orangenschale dazugeben und die kalte Butter mit dem Stabmixer unterrühren. Die Maronensuppe mit Salz, Chilipulver und Gemüsegewürz abschmecken.

3 Für die Einlage die Maronen vierteln. Die Champignons putzen, trocken abreiben und halbieren. Vom Rosenkohl die äußeren Blätter entfernen und die einzelnen Blätter ablösen. Die Rosenkohlblätter in kochendem Salzwasser etwa 2 Minuten bissfest blanchieren, in ein Sieb abgießen, kalt abschrecken und abtropfen lassen.

4 Die braune Butter in einer Pfanne erhitzen und die Champignons darin bei mittlerer Hitze kurz anbraten. Die geviertelten Maronen und die Rosenkohlblätter dazugeben, in der Pfanne erwärmen und alles mit Chilisalz würzen.

5 Für die Croûtons das Toast- oder Schwarzbrot in 1/2 cm große Würfel schneiden. Die Butter in einer Pfanne erhitzen und die Brotwürfel darin bei milder Hitze rundum rösten.

6 Zum Servieren Pilze, Maronen und Rosenkohl in die Mitte von vorgewärmten tiefen Tellern setzen, die Maronensuppe nochmals aufschäumen und außen herum verteilen. Die Suppe mit den Croûtons bestreuen.

Tipp

Der Portwein darf auf keinen Fall direkt in die Suppe gegeben werden, sondern wird, wie oben beschrieben, eingekocht. So schmeckt er besonders intensiv und verleiht der Suppe zusätzlich eine kräftigere Farbe.

Erbsen-Minze-Suppe mit Nürnberger Rostbratwürsteln

Zutaten für 4 Personen

800 ml Gemüsebrühe
300 g Erbsen (tiefgekühlt)
200 g Sahne
Salz
Zucker
1/2 TL Gemüsegewürz
mildes Chilipulver
2 Blätter Romanasalat (oder Kopfsalat)
4 Minzeblätter
1 EL Öl
8 Nürnberger Rostbratwürstel

1 Die Brühe erhitzen, die Erbsen hinzufügen, aufkochen und knapp unter dem Siedepunkt 3 bis 5 Minuten ziehen lassen. Mit der Sahne mit dem Stabmixer fein pürieren.

2 Die Suppe mit Salz sowie 1 Prise Zucker, dem Gemüsegewürz und Chilipulver abschmecken.

3 Die Romanasalat- und Minzeblätter waschen, trocken tupfen und in feine Streifen schneiden.

4 In einer Pfanne das Öl erhitzen und die Rostbratwürstel darin bei mittlerer Hitze auf beiden Seiten hell anbraten. Herausnehmen, auf Küchenpapier abtropfen lassen und schräg in dicke Scheiben schneiden.

5 Romanasalat und Minze mischen und in vorgewärmte tiefe Teller geben. Die Erbsensuppe mit dem Stabmixer nochmals aufmixen, auf die Teller verteilen und die Rostbratwürstel hineinsetzen.

Tipp

Werden statt der Rostbratwürstel Räucherlachsstreifen oder kleine Stücke von geräucherter Makrele oder Forelle zur Suppe gegeben, erhält diese eine leichte Rauchnote. Makrelen- und Forellenfilets werden dazu sorgfältig entgrätet, in formschöne Stücke geschnitten und im auf 80 °C vorgeheizten Backofen etwa 10 Minuten angewärmt.

Bergkäse im knusprigen Bauernbrot mit Schnittlauchsauce

Zutaten für 16 Stück

Für die Schnittlauchsauce:
100 g Crème fraîche
4–5 EL Sahne (je nach Konsistenz der Crème fraîche)
1 TL scharfer Senf
1 EL Zitronensaft
Zucker · Chilisalz
einige Halme Schnittlauch

Für die Brote:
250 g Bauernbrot (ersatzweise dunkles Baguette; 2 Tage alt)
etwas weiche Butter
16 längliche Stücke Bergkäse (jeweils 7–8 mm dick)
Käse- und Raclettegewürz
1 EL Öl
20 g Kräuterblätter (z. B. Petersilie oder Sellerieblätter)
1 TL Zitronensaft
1 Msp. abgeriebene unbehandelte Zitronenschale
1 EL Olivenöl
Salz · Pfeffer aus der Mühle

1 Für die Schnittlauchsauce die Crème fraîche mit der Sahne und dem Senf verrühren. Mit Zitronensaft, 1 Prise Zucker und Chilisalz abschmecken. Den Schnittlauch waschen, trocken schütteln, in etwa 1 cm große Röllchen schneiden und unter die Sauce rühren.

2 Für die Brote das Bauernbrot in 32 möglichst dünne Scheiben schneiden und dünn mit der Butter bestreichen. Die Käsestücke jeweils zwischen 2 Brotscheiben legen. Mit dem Käse- und Raclettegewürz bestreuen. Das Öl in einer Pfanne erhitzen und die belegten Brote darin bei mittlerer Hitze auf beiden Seiten rasch bräunen. Aus der Pfanne nehmen und auf Küchenpapier abtropfen lassen.

3 Die Kräuterblätter waschen und trocken tupfen. Zitronensaft und -schale mit dem Olivenöl mischen und mit Salz und Pfeffer würzen. Die Kräuterblätter mit dem Zitronenöl marinieren. Die gefüllten Bauernbrote mit den marinierten Kräutern und der Schnittlauchsauce anrichten.

Tipp

Den Kräutersalat können Sie auch noch mit eingelegten Roten Beten variieren. Selbst eingelegt sind sie natürlich am besten: Für 2 Gläser (à ca. 1 l) 1,2 kg Rote Bete waschen und in Salzwasser 1 Stunde weich garen. Kalt abschrecken, abtropfen lassen, schälen und in Spalten schneiden. 1 Zwiebel schälen und in Spalten schneiden. Rote Bete und Zwiebeln mit 2 Lorbeerblättern, 2 getr. roten Chilischoten, 2 kleinen Stücken ausgekratzte Vanilleschote, 1 TL ganzer Kümmel, 2 Knoblauchzehen in Scheiben, 4 Scheiben Ingwer, 2 Splittern Zimtrinde, 2 Streifen unbehandelter Orangenschale gleichmäßig auf die Gläser verteilen und fest einschichten. Einen aufgekochten Sud aus 600 ml Wasser, 125 ml Weißweinessig, 85 g Zucker und 20 g Salz daraufgießen und die Gläser gut verschließen. Ein Backblech 2 cm hoch mit Wasser befüllen und die Roten Beten darauf bei 200 °C im Ofen 20 Minuten einkochen.

Käse-Brezen-Auflauf mit Rote-Rüben-Birnen-Salat

Zutaten für 4 Auflaufförmchen (à 200 ml)

Für den Auflauf:
150 g milder Weichkäse (z. B. Brie)
150 g weiche Laugenstangen (Brezenstangen; vom Vortag)
140 ml Milch
2 Eier
1/2 kleine Knoblauchzehe
1 TL Thymianblätter (frisch geschnitten)
1/2 TL abgeriebene unbehandelte Zitronenschale
Chilisalz
1 TL Käse- und Raclettegewürz
1/2 Zwiebel
80 ml Gemüsebrühe
1 EL Petersilienblätter (frisch geschnitten)
Salz
1 TL Speisestärke

Für den Rote-Rüben-Birnen-Salat:
400 g eingelegte Rote-Bete-Spalten (Rote Rüben; siehe Tipp S. 38)
1 EL mildes Salatöl
1 reife, aber feste Birne
1–2 TL Puderzucker
1 EL Butter

Außerdem:
weiche Butter für die Förmchen

1 Für den Auflauf den Backofen auf 210 °C vorheizen. Auf die mittlere Schiene ein tiefes Backblech schieben, etwa 1 1/2 cm hoch Wasser einfüllen und zwei Blätter Küchenpapier hineinlegen. Die Förmchen gleichmäßig bis zum Rand mit weicher Butter einstreichen.

2 Den Käse in 1/2 bis 1 cm große Würfel schneiden. Von den Laugenstangen das Salz entfernen und die Stangen in 2 cm große Würfel schneiden. Die Milch aufkochen, vom Herd nehmen und die Hälfte des Käses mit dem Stabmixer unterrühren. Die Eier trennen und die Eigelbe ebenfalls unter die Milch rühren. Den Knoblauch schälen und dazureiben, Thymian und Zitronenschale hinzufügen und alles mit Chilisalz sowie Käse- und Raclettegewürz abschmecken. Die Eiermilch vorsichtig mit den Laugenwürfeln mischen und die Masse etwa 10 Minuten ziehen lassen.

3 Die Zwiebel schälen und in feine Würfel schneiden. Die Brühe in einer Pfanne erhitzen und die Zwiebeln darin einige Minuten weich garen, bis die Flüssigkeit verkocht ist. Die Zwiebeln und die Petersilie zur Brezenmasse hinzufügen.

4 Die Eiweiße mit 1 Prise Salz und der Speisestärke zu cremigem Schnee schlagen und mit den restlichen Käsewürfeln unter die Brezenmasse heben. Die Förmchen mit der Masse füllen, in das vorbereitete Wasserbad im Ofen stellen und darin etwa 25 Minuten garen. In den ersten 15 bis 20 Minuten die Ofentür möglichst nicht öffnen, sonst gehen die Aufläufe nicht gleichmäßig auf.

5 Inzwischen für den Salat die Rote-Bete-Spalten kurz auf einem Sieb abtropfen lassen und mit dem Öl mischen. Die Birne waschen, vierteln, entkernen und die Viertel in Spalten schneiden.

6 Den Puderzucker in einer Pfanne bei milder Hitze hell karamellisieren. Die Birnenspalten darin auf beiden Seiten etwas anbraten, die Butter hinzufügen und die Birnen darin wenden.

7 Die Rote-Bete-Spalten auf vorgewärmte Teller verteilen und die Birnenspalten dazwischenlegen. Die Förmchen aus dem Wasserbad nehmen, die Auflaufportionen mit einem spitzen Messer vom Rand lösen, stürzen und neben dem Salat anrichten, sofort servieren. Nach Belieben mit frischen Kräutern garnieren.

Fisch

Piccata von der Lachsforelle auf Rahmspinat

Zutaten für 4 Personen

Für den Rahmspinat:
800 g junger Blattspinat
200 ml Gemüsebrühe
1 Knoblauchzehe
1 TL Ingwer (in feinen Würfeln)
450 g Sahne
30 g kalte Butter
20 g braune Butter
(siehe Tipp S. 22)
mildes Chilisalz
Pfeffer aus der Mühle
Gemüsegewürz

Für die Lachsforelle:
2 Eier · 1 TL Dijon-Senf
80 g geriebener Parmesan
1 EL Mehl
1 TL Estragonblätter (frisch geschnitten)
Salz · Pfeffer aus der Mühle
frisch geriebene Muskatnuss
400 g Lachsforellenfilet
1–2 EL Öl

1 Für den Rahmspinat den Spinat verlesen und waschen. Die Brühe in einer großen tiefen Pfanne erhitzen und 600 g Spinat darin kurz zusammenfallen lassen. Den Knoblauch schälen, in feine Würfel schneiden und mit dem Ingwer zum Spinat geben.

2 Die Sahne angießen und nur kurz köcheln lassen. Spinat samt Flüssigkeit in einen hohen Rührbecher geben und mit dem Stabmixer fein pürieren, dabei die kalte Butter und die braune Butter untermixen. Den Spinat zurück in die Pfanne gießen und die restlichen Spinatblätter untermischen. Mit Chilisalz, Pfeffer und 1 Prise Gemüsegewürz abschmecken.

3 Für die Lachsforelle die Eier und den Senf in eine Schüssel geben und mit den Quirlen des Handrührgeräts schaumig schlagen. Den Parmesan mit dem Mehl mischen und unter die Eier rühren. Mit Estragon, Salz, Pfeffer und Muskatnuss würzen.

4 Das Lachsforellenfilet waschen, trocken tupfen und in 8 gleich große Stücke schneiden. Das Öl in einer Pfanne erhitzen. Die Fischstücke nacheinander durch die Ei-Parmesan-Masse ziehen, etwas abtropfen lassen und in der Pfanne bei milder Hitze auf jeder Seite 3 Minuten hell braten. Herausnehmen und auf Küchenpapier abtropfen lassen.

5 Den Rahmspinat auf vorgewärmte Teller verteilen und die Lachsforellen-Piccatas darauf anrichten. Nach Belieben mit frischen Kräuterblättern garnieren und servieren.

Tipp

Die Ei-Parmesan-Hülle bräunt besonders schnell, daher sollte nur bei sehr milder Hitze gebraten werden. So ist am Ende die Hülle goldbraun und das Fischfilet schön saftig durchgezogen.

Donauzander auf Linsen mit Frühlingszwiebeln und Speck

Zutaten für 4 Personen

Für die Linsen:
150 g Berglinsen (kleine grüne Linsen)
1/2 Zwiebel · 1 Kartoffel
je 30 g Karotte und Knollensellerie (in kleinen Würfeln)
1 EL Öl · 1 TL brauner Zucker
1 EL Tomatenmark
80 ml trockener Rotwein
1/2 l Hühnerbrühe
1 Lorbeerblatt
1 Knoblauchzehe (in Scheiben)
2–3 Scheiben Ingwer
1 Zweig Thymian
3 Streifen unbehandelte Zitronenschale
30 g Lauch (in feinen Ringen)
Chilisalz
1/2 TL Ras el Hanout
1–2 TL Rotweinessig
1–2 EL Aceto balsamico
1 EL Petersilie (frisch geschnitten)

Für den Fisch:
500 g Zanderfilet (küchenfertig; mit Haut) · 1 EL Öl
rot-grünes Chilisalz mit Vanille

Außerdem:
4 Scheiben Frühstücksspeck
8 kleine Frühlingszwiebeln
1 EL Butter
Salz · Pfeffer aus der Mühle

1 Die Linsen 2 Stunden in reichlich kaltem Wasser einweichen. Dann in ein Sieb abgießen und abtropfen lassen.

2 Die Zwiebel schälen und in feine Würfel schneiden. Die Kartoffel schälen, waschen und in kleine Würfel schneiden. Zwiebel, Kartoffel, Karotte und Sellerie in einem Topf im Öl bei milder Hitze mit dem braunen Zucker andünsten. Das Tomatenmark unterrühren und kurz anrösten. Mit dem Wein ablöschen und etwas einköcheln lassen. Die Linsen hinzufügen, die Brühe angießen und knapp unter dem Siedepunkt 20 bis 30 Minuten mehr ziehen als köcheln lassen.

3 Nach 15 Minuten Garzeit Lorbeerblatt, Knoblauch, Ingwer, Thymianzweig und Zitronenschale hinzufügen und am Ende der Garzeit wieder entfernen. Zuletzt den Lauch dazugeben und das Linsengemüse mit Chilisalz, Ras el Hanout und beiden Essigsorten abschmecken, die Petersilie untermischen.

4 Für den Fisch das Zanderfilet waschen, trocken tupfen und in 4 gleich große Stücke schneiden. Das Öl in einer Pfanne erhitzen und die Fischfilets darin auf der Hautseite bei mittlerer Hitze 3 bis 4 Minuten kross anbraten. Den Fisch wenden, die Pfanne vom Herd nehmen und die Filets in der Resthitze glasig durchziehen lassen. Auf Küchenpapier abtropfen lassen und mit rot-grünem Chilisalz würzen.

5 Die Speckscheiben in einer Pfanne ohne Fett bei milder Hitze kross anbraten und auf Küchenpapier abtropfen lassen. Die Frühlingszwiebeln putzen, waschen und das dunkle Grün entfernen. In kochendem Salzwasser einige Minuten bissfest garen. In ein Sieb abgießen, kalt abschrecken und abtropfen lassen.

6 In einer kleinen Pfanne die Butter erhitzen und die Frühlingszwiebeln darin bei milder Hitze schwenken, mit Salz und Pfeffer würzen. Die Linsen auf vorgewärmten Tellern anrichten und die Zanderfiletstücke daraufsetzen. Mit je 1 Speckscheibe und 2 Frühlingszwiebeln garnieren.

Tipp

Damit das dünnere Endstück des Zanderfilets saftig bleibt und nicht zu schnell durchgart, sollte man nach 1 bis 2 Minuten Bratzeit eine 3 bis 4 mm dicke Kartoffelscheibe unterlegen.

Gebratener Lachs-Zander-Strudel mit Spinat und Dill

Zutaten für 4 Personen

Für die Lachsfarce:
200 g Lachsfilet (eisgekühlt) · Salz
1/2–1 TL scharfer Senf
mildes Chilipulver
frisch geriebene Muskatnuss
200 g Sahne (eisgekühlt)
1 TL Dillspitzen (frisch geschnitten)

Für die Spinatmatte:
100 g große Spinatblätter · Salz

Für den Strudel:
4 Zanderfilets (à 80–100 g)
Chilisalz
4 Strudelteigblätter (à ca. 20 x 20 cm; aus dem Kühlregal)
2 EL Öl

1 Für die Lachsfarce das Lachsfilet waschen, trocken tupfen, in Würfel schneiden und in eine Schüssel geben. Salzen und 5 Minuten in das Tiefkühlfach stellen. Lachswürfel mit dem Senf, 1 Prise Chilipulver und etwas Muskatnuss in den Blitzhacker geben und pürieren, bis die Masse zu binden beginnt. Ein Drittel der Sahne hinzufügen und untermixen. Die restliche Sahne in zwei weiteren Portionen untermixen, dabei darauf achten, dass sich die Sahne mit dem Fischfilet vollständig verbunden hat, bevor die restliche Sahne hinzugefügt wird – die Farce soll glatt und glänzend sein. Farce aus dem Blitzhacker nehmen, Dill untermischen und die Farce ggf. nachwürzen.

2 Für die Spinatmatte den Spinat verlesen, die Blätter von den Stielen zupfen, waschen und in kochendem Salzwasser etwa 1 Minute blanchieren. In ein Sieb abgießen, kalt abschrecken und abtropfen lassen. Die Spinatblätter leicht überlappend auf ein Küchentuch legen, mit einem zweiten Küchentuch bedecken und mit dem Nudelholz mehrmals mit etwas Druck darüberwalzen. Dabei saugen die Küchentücher überschüssige Flüssigkeit auf und die Spinatblätter bilden eine geschlossene „Matte".

3 Für den Strudel die Spinatmatte mit 1 bis 2 EL Lachsfarce bestreichen und in 4 gleich große Stücke schneiden. Die Zanderfilets waschen, trocken tupfen und mit Chilisalz würzen. Jedes Fischfilet in ein Stück Spinatmatte wickeln. Die Strudelteigblätter auf ein Küchentuch legen und in der Mitte in Größe der Zanderfilets jeweils ein Achtel Lachsfarce daraufstreichen. Die in Spinat gewickelten Zanderfilets darauflegen und mit der restlichen Lachsfarce bestreichen. Die Strudelteigblätter über den Zanderfilets zusammenklappen, die offenen Seiten fest zusammendrücken und den überstehenden Teig bis auf 1 cm abschneiden.

4 Die Strudel in einer Pfanne im Öl – zuerst auf der Nahtseite – bei milder Hitze auf beiden Seiten 4 bis 5 Minuten anbraten. Pfanne vom Herd nehmen und die Strudel etwas nachziehen lassen. Die Strudel zum Servieren halbieren.

Lachsfilet auf grüner Paprika-Ingwer-Sauce

Zutaten für 4 Personen

Für den Lachs:
4 Lachsfilets (à 200 g)
2 EL mildes Olivenöl
mildes Chilisalz

Für die Paprika-Ingwer-Sauce:
2 grüne Paprikaschoten
1 grüne Peperoni
1 kleine Knoblauchzehe
100 ml Gemüsebrühe
1 EL Ingwerpaste (ca. 30 g; ersatzweise Ingwerkonfitüre)
Salz

Außerdem:
Erdnussöl zum Frittieren
10 g Reisnudeln (Vermicelli)
Ras el Hanout
mildes Chilisalz
1 Handvoll gemischte Kräuterblätter (z. B. Dill, Kerbel, Koriander, Kresse, Thai-Basilikum)
1/2 TL Zitronensaft
1 TL Olivenöl

1 Für den Lachs den Backofen auf 100 °C vorheizen. Die Lachsfilets waschen und trocken tupfen. In einer Pfanne 1 bis 2 TL Olivenöl erhitzen und die Lachsfilets darin bei mittlerer Hitze auf jeder Seite etwa 2 Minuten anbraten. Aus der Pfanne nehmen, auf ein mit Backpapier belegtes Backblech legen und im Ofen auf der mittleren Schiene etwa 15 Minuten saftig durchziehen lassen.

2 Inzwischen für die Paprika-Ingwer-Sauce die Paprikaschoten längs halbieren, entkernen und waschen. Die Paprikahälften mit dem Sparschäler schälen und in Würfel schneiden. Die Peperoni längs halbieren, entkernen, waschen und in feine Würfel schneiden. Den Knoblauch schälen und in Scheiben schneiden.

3 Die Paprika, die Peperoni und den Knoblauch mit der Brühe in einen Topf geben und das Gemüse darin etwa 10 Minuten weich dünsten. Die Flüssigkeit abgießen und die Ingwerpaste dazugeben. Alles mit dem Stabmixer fein pürieren und mit Salz würzen.

4 Das Erdnussöl in einem Topf auf 190 °C erhitzen. Es ist heiß genug, wenn sich an einem hineingehaltenen Holzlöffelstiel Blasen bilden. Die Reisnudeln mit einer Schere in 3 bis 4 cm lange Stücke schneiden. Portionsweise in das Fett geben und darin 30 bis 60 Sekunden frittieren, bis sie weiß und knusprig sind. Mit dem Schaumlöffel herausheben und auf Küchenpapier abtropfen lassen. Mit 1 Prise Ras el Hanout bestäuben und mit Chilisalz würzen.

5 Die Kräuter waschen und sehr gründlich trocken tupfen. Den Zitronensaft und das Olivenöl verrühren, mit Chilisalz würzen und kurz vor dem Servieren mit den Kräuterblättern und den knusprig frittierten Reisnudeln mischen.

6 Die Lachsfilets aus dem Ofen nehmen, mit dem restlichen Olivenöl bepinseln und mit Chilisalz würzen. Die Paprika-Ingwer-Sauce in einem langen Streifen auf vorgewärmte Teller ziehen, je 1 Lachsfilet daraufsetzen und mit der Reisnudel-Kräuter-Mischung garnieren.

Saibling im Ganzen gebraten mit Kräutererdäpfeln

Zutaten für 4 Personen

Für den Saibling:
4 Saiblinge (à ca. 300 g; küchenfertig) · Salz
4 Stiele Petersilie
4 Scheiben Ingwer
4 Streifen unbehandelte Zitronenschale
ca. 3 EL doppelgriffiges Mehl (Wiener Grießler) · 4 EL Öl
Zitronensaft zum Beträufeln

Für die Kräutererdäpfel:
500 g Minikartoffeln (kleine Erdäpfel)
Salz · 1 Lorbeerblatt
1 kleine getrocknete rote Chilischote
50 ml Gemüsebrühe
2 EL gemischte Kräuterblätter (z. B. Dill, Kerbel, Petersilie, Schnittlauch; frisch geschnitten)
1 EL kalte Butter
Ingwer-Knoblauch-Salz
mildes Chilisalz

Für die Zitronenbutter:
je 40 g Butter und braune Butter (siehe Tipp S. 22)
1 Knoblauchzehe (in Scheiben)
2 Scheiben Ingwer
1 TL abgeriebene unbehandelte Zitronenschale
mildes Chilisalz
1/2 TL Karibisches Scampi- und Fischgewürz
1 EL Petersilienblätter (frisch geschnitten)

1 Für den Saibling den Backofen auf 100 °C vorheizen. Die Saiblinge innen und außen waschen, trocken tupfen und mit Salz würzen. Die Petersilienstiele waschen und trocken schütteln. Je 1 Petersilienstiel, 1 Ingwerscheibe und 1 Streifen Zitronenschale in die Bauchhöhlen der Saiblinge geben. Das Mehl auf einen Teller geben und die Saiblinge darin wenden.

2 Das Öl in einer großen Pfanne erhitzen und die Fische darin – gegebenenfalls portionsweise – bei milder Hitze auf beiden Seiten anbraten. Die Fische auf ein mit Backpapier belegtes Backblech oder in einen Bräter legen und im Ofen auf der mittleren Schiene etwa 15 Minuten saftig durchziehen lassen. Die Pfanne mit dem Bratfett beiseitestellen.

3 Für die Kräutererdäpfel die Kartoffeln schälen, waschen und in Salzwasser mit dem Lorbeerblatt und der Chilischote weich garen. Die Kartoffeln in ein Sieb abgießen, das Lorbeerblatt und die Chilischote wieder entfernen. Die Brühe erhitzen, die Kartoffeln mit den Kräutern dazugeben und erwärmen. Die Butter hinzufügen und die Kräutererdäpfel mit Ingwer-Knoblauch-Salz und Chilisalz würzen.

4 Für die Zitronenbutter das Bratfett mit Küchenpapier aus der beiseitegestellten Pfanne tupfen und die Butter sowie die braune Butter darin zerlassen. Den Knoblauch, den Ingwer und die Zitronenschale hinzufügen, bei milder Hitze einige Minuten ziehen lassen und mit Chilisalz und Karibischem Scampi- und Fischgewürz abschmecken. Die Saiblinge in der Zitronenbutter wenden und mit der Petersilie bestreuen. Die ganzen Gewürze wieder entfernen.

5 Die Saiblinge auf vorgewärmte Teller verteilen, mit der Zitronenbutter und dem Zitronensaft beträufeln und die Kräutererdäpfel daneben anrichten.

Tipp

Auf dieselbe Weise können Sie auch Forellen oder Lachsforellen zubereiten. Servieren Sie dazu einen knackigen Blattsalat und, wenn Sie möchten, etwas Tsatsiki.

Kabeljau auf Dillsauce mit Senfgurken-Spinat-Gemüse

Zutaten für 4 Personen

Für das Senfgurken-Spinat-Gemüse:
50 g rote Linsen · Salz
100 g Babyspinat
1 Knoblauchzehe (in Scheiben)
1 EL kalte Butter
400 g eingelegte Senfgurken
rot-grünes Chilisalz mit Vanille
frisch geriebene Muskatnuss

Für die Dillsauce:
100 g kalte Butter
3 EL Weißwein · 3 Eigelb
50 ml Gemüsebrühe
1–2 EL Senfgurken-Einlegefond
2–3 EL braune Butter
(siehe Tipp S. 22)
1 EL Dillspitzen
(frisch geschnitten)
mildes Chilisalz

Für den Kabeljau:
500 g Kabeljaufilet
(ohne Haut und Gräten)
1–2 TL braune Butter

Für die Gewürzbutter:
2–3 EL braune Butter
1 kleine Knoblauchzehe
(in Scheiben)
Fenchelsamen · Anissamen
1 TL Dillspitzen
(frisch geschnitten)
rot-grünes Chilisalz mit Vanille

1 Für das Gemüse die Linsen in einem Topf in Salzwasser etwa 5 Minuten gerade weich kochen, in ein Sieb abgießen und abtropfen lassen. Den Spinat verlesen, gründlich waschen und in einer Pfanne bei mittlerer Hitze zusammenfallen lassen. Die Knoblauchscheiben und die kalte Butter hinzufügen.

2 Die Senfgurken abtropfen lassen, zum Spinat dazugeben und leicht erwärmen. Mit Chilisalz und 1 Prise Muskatnuss würzen. Zum Servieren die Linsen hinzufügen und das Gemüse wieder erwärmen.

3 Für die Dillsauce die Butter in kleine Würfel schneiden und kühl stellen. Den Wein in einem kleinen Topf erhitzen und auf ein Drittel einköcheln lassen. Die Eigelbe mit der Brühe, dem Senfgurkenfond und dem reduzierten Wein in eine Metallschüssel gießen und mit einem Schneebesen im heißen Wasserbad zu feinporigem Schaum aufschlagen. Die Temperatur sollte dabei 78 bis 80 °C erreichen, aber nicht überschreiten (Thermometer!).

4 Nach und nach die kalten Butterwürfel in die Schaummasse rühren. Die Butter dabei schmelzen lassen und darauf achten, dass sich die Masse immer wieder erwärmt (aber nicht kocht!). Die Schaummasse soll die Butter binden. Zum Schluss die braune Butter mit dem Dill hineinrühren und alles mit Chilisalz abschmecken. Die Sauce im Wasserbad beiseitestellen und so warm halten.

5 Für den Kabeljau den Backofen auf 90 °C vorheizen. Die Kabeljaufilets waschen und trocken tupfen. Auf ein mit brauner Butter eingefettetes Backblech legen und mit Frischhaltefolie bedecken. Die Filets im Ofen je nach Dicke etwa 15 Minuten durchziehen lassen.

6 Inzwischen für die Gewürzbutter die braune Butter in einer Pfanne bei mittlerer Hitze erwärmen. Die Knoblauchscheiben sowie je 1 Prise Fenchel- und Anissamen hinzufügen und alles einige Minuten ziehen lassen. Den Dill dazugeben, unterrühren und die Gewürzbutter mit Chilisalz abschmecken.

7 Die Dillsauce auf vorgewärmte Teller verteilen, die warmen Kabeljaufilets darauf anrichten und mit der Gewürzbutter bestreichen. Das Senfgurken-Spinat-Gemüse danebensetzen und nach Belieben mit Dillspitzen garnieren.

Wolfsbarsch in der Folie mit Fenchel und Lavendelblüten

Zutaten für 4 Personen

1 Wolfsbarsch (ca. 1,2 kg; küchenfertig)
rot-grünes Chilisalz mit Vanille
Lavendelsalz
2 Knoblauchzehen (in Scheiben)
je 4 Streifen unbehandelte Zitronen- und Orangenschale
80 g kalte Butter
mildes Chilisalz

1 Den Backofen auf 180 °C vorheizen. Den Wolfsbarsch innen und außen waschen und mit Küchenpapier trocken tupfen.

2 Den Wolfsbarsch innen mit rot-grünem Chilisalz und Lavendelsalz würzen. Die Hälfte der Knoblauchscheiben und je 2 Streifen Zitronen- und Orangenschale in die Bauchhöhle füllen. Den Fisch auf einen großen Bogen Alufolie oder Pergamentpapier legen und 20 g kalte Butter in kleinen Stücken daraufsetzen.

3 Die Folie oder das Pergamentpapier über dem Fisch zusammenfalten und verschließen. Den Wolfsbarsch auf ein Backblech legen und im Ofen auf der mittleren Schiene etwa 35 Minuten garen.

4 Die restliche Butter mit den übrigen Knoblauchscheiben und den Zitronen- und Orangenschalenstreifen in einer Pfanne erwärmen und mit Chilisalz würzen.

5 Den Fisch aus dem Ofen nehmen und die Folie öffnen. Den Wolfsbarsch herausnehmen, häuten, filetieren und auf vorgewärmte Teller verteilen. Mit der Gewürzbutter beträufeln und nach Belieben mit Spinat, feinen grünen Bohnen oder Artischocken-Tomaten-Gemüse servieren.

Tipp

Der Fisch ist gar, wenn sich die Rückenflosse leicht aus dem Fleisch ziehen lässt. Dazu die Folie am Ende der Garzeit öffnen, den Garzustand überprüfen und den Wolfsbarsch gegebenenfalls noch einige Minuten weitergaren.

Gebackener Fisch mit Erdäpfel-Endivien-Salat

Zutaten für 4 Personen

Für den Salat:
1 kg vorwiegend festkochende Kartoffeln (Erdäpfel) · Salz
1 kleine Zwiebel
2 EL Öl
400 ml Hühnerbrühe
3 EL Rotweinessig
1 EL scharfer Senf
Chiliflocken · Zucker
3 EL braune Butter (siehe Tipp S. 22)
1/4 Kopf Endiviensalat (ca. 100 g)
Salatgewürz (aus der Mühle)

Für den Fisch:
2 Eier · 100 g Mehl
150 ml Bier
1 TL Steak- und Grillgewürz
4 EL braune Butter · Salz
Öl zum Frittieren
500 g Seelachs- oder Rotbarschfilet (ohne Haut und Gräten)
mildes Chilisalz
einige Spritzer Zitronensaft
Mehl zum Wenden

1 Für den Salat die Kartoffeln waschen und in Salzwasser weich garen. Abgießen und kurz ausdampfen lassen. Die Kartoffeln möglichst heiß pellen, in dünne Scheiben schneiden und in eine Schüssel geben.

2 Die Zwiebel schälen und in feine Würfel schneiden. In einer Pfanne 1 EL Öl erhitzen und die Zwiebel darin bei milder Hitze glasig dünsten. Die Zwiebelwürfel zu den Kartoffeln geben. Die Brühe erhitzen, mit Essig und Senf verrühren und mit Salz sowie je 1 Prise Chiliflocken und Zucker würzen. Eine Handvoll Kartoffeln unterrühren. Dann nach und nach die restlichen Kartoffelscheiben untermischen, bis die Flüssigkeit vollständig aufgenommen worden ist. Zuletzt die braune Butter untermischen.

3 Den Endiviensalat putzen, waschen und trocken schütteln. Die Blätter in Streifen schneiden und zum Kartoffelsalat geben, locker untermischen. Mit Salatgewürz aus der Mühle abschmecken.

4 Für den Fisch die Eier trennen. Das Mehl mit dem Bier und den Eigelben glatt rühren, mit dem Steak- und Grillgewürz würzen und die braune Butter unterrühren. Die Eiweiße mit 1 Prise Salz zu einem cremigen Schnee schlagen. Den Eischnee locker und gleichmäßig unter den Bierteig heben.

5 Zum Frittieren reichlich Öl in einem Topf auf 170 °C erhitzen. Die Fischfilets waschen und trocken tupfen, mit Chilisalz würzen und mit Zitronensaft beträufeln. Das Mehl in einen tiefen Teller geben. Die Filets zunächst im Mehl wenden und dann durch den Backteig ziehen. Im heißen Öl 4 bis 5 Minuten goldbraun backen, dabei einmal wenden und auf Küchenpapier abtropfen lassen. Den gebackenen Fisch mit dem Erdäpfel-Endivien-Salat servieren.

Fleisch

Rinderfiletsteak mit Rosmarinsauce

Zutaten für 4 Personen

1 TL Öl · 8 Rinderfiletsteaks (ca. 1 1/2 cm dick)
1 TL Steak- und Grillgewürz
1 TL Tomatenmark
3 EL roter Portwein
70 ml Rotwein
400 ml Rinderfond (wahlweise Kalbsfond)
1 TL Speisestärke
1 Zweig Rosmarin
1 Knoblauchzehe
2 Scheiben Ingwer
1 Streifen unbehandelte Zitronenschale
20 g kalte Butter
Salz · Pfeffer aus der Mühle

1 Den Backofen auf 100 °C vorheizen. Eine große Pfanne bei mittlerer Temperatur erhitzen und das Öl mit einem Pinsel auf dem Pfannenboden verteilen. Die Filetsteaks in der Pfanne 2 bis 3 Minuten anbraten, bis an der Oberseite Fleischsaftperlen austreten. Das Fleisch wenden und weiterbraten, bis sich erneut Fleischsaftperlen bilden. Die Steaks aus der Pfanne nehmen, mit dem Steak- und Grillgewürz würzen und im Ofen warm halten.

2 Für die Sauce das Tomatenmark in den Bratensatz rühren, mit Portwein und Rotwein ablöschen und einköcheln lassen. Den Fond angießen und auf zwei Drittel einköcheln lassen. Die Speisestärke mit wenig kaltem Wasser glatt rühren und nach und nach in den leicht köchelnden Fond rühren, bis dieser leicht sämig bindet.

3 Den Rosmarin waschen und trocken tupfen, den Knoblauch schälen und in Scheiben schneiden. Rosmarin, Knoblauch, Ingwer und die Zitronenschale zum Fond geben, einige Minuten ziehen lassen und wieder entfernen. Die kalte Butter unterrühren und die Sauce mit Salz und Pfeffer würzen.

4 Die Steaks in der Sauce wenden, bei Bedarf noch etwas nachwürzen und auf vorgewärmten Tellern anrichten. Dazu passen Gemüse der Saison und gebratene Kartoffeln.

Tipp

Dicke Steaks wölben sich beim Anbraten nicht, es tritt auch kein Fleischsaft aus – das geht nur bei den dünnen Steaks und ist ein Zeichen dafür, dass das Fleisch innen bereits rosa durch und somit fertig gegart ist.

Tennengauer Bierfleisch mit Schwammerln und Speck

Zutaten für 4 Personen

1 kg Rinderschulter
2 große Zwiebeln
2 1/2 EL Öl
1 EL Tomatenmark
150 ml dunkles Bier (oder Starkbier)
ca. 1 l Hühnerbrühe
1 mehligkochende Kartoffel
1 EL Gulaschgewürz
4 Scheiben Frühstücksspeck
150 g Semmelstoppelpilze (ersatzweise Pfifferlinge/ Eierschwammerl oder Steinpilze)
1 EL Butter
Salz
1 EL Petersilie (frisch geschnitten)

1 Das Rindfleisch in 3 cm große Würfel schneiden. Die Zwiebeln schälen und in feine Würfel schneiden. In einem Schmortopf 2 EL Öl erhitzen, das Rindfleisch darin in zwei Portionen anbraten und wieder herausnehmen.

2 Die Zwiebeln im Bratensatz glasig dünsten. Das Tomatenmark unterrühren und kurz anrösten. Mit dem Bier ablöschen und etwas einköcheln lassen. Das Fleisch wieder hinzufügen und so viel Brühe angießen, dass das Fleisch gerade bedeckt ist. Den Deckel so auf den Schmortopf legen, dass noch ein Spalt frei bleibt, und das Fleisch knapp unter dem Siedepunkt 3 bis 3 1/2 Stunden schmoren, bis es weich ist. Nach 2 Stunden den Deckel abnehmen.

3 Am Ende der Garzeit des Fleischs die Kartoffel schälen, waschen und auf einer sehr feinen Reibe in das Gulasch reiben. Das Gulasch mit dem Gulaschgewürz abschmecken.

4 Das restliche Öl in einer Pfanne erhitzen und die Speckscheiben darin bei milder Hitze auf beiden Seiten kross braten. Auf Küchenpapier abtropfen lassen.

5 Die Pilze putzen, trocken abreiben und etwas zerkleinern. Die Butter in einer Pfanne erhitzen und die Pilze darin bei milder Hitze anbraten. Mit Salz würzen und die Petersilie untermischen. Das Biergulasch in vorgewärmten tiefen Tellern anrichten und mit dem Speck und den Pilzen garnieren. Dazu passen mit Petersilie bestreute Bandnudeln.

Tipp

Semmelstoppelpilz, auch Semmelgelber Stacheling genannt, ist ein Speisepilz, der mild im Geschmack ist. Ältere Exemplare können bitter schmecken. Der Pilz ist über und über mit weißen bis gelblichen Stacheln bedeckt, die absplittern, wenn man sie berührt.

Rinderlende mit Gewürzbutter und lauwarmem Gemüsesalat

Zutaten für 4 Personen

Für die Rinderlende und die Gewürzbutter:
1 EL Öl
1 kg Rinderlende (küchenfertig)
4 EL braune Butter (siehe Tipp S. 22)
1–2 TL Steak- und Grillgewürz
Chilisalz

Für den Salat:
120 g Mini-Karotten (mit Grün)
Salz · 120 g Zuckerschoten
200 g Romanesco (ersatzweise Brokkoli)
80 ml Gemüsebrühe
1 EL Butter
1/2 –1 TL Gemüsegewürz
1/2 TL abgeriebene unbehandelte Limettenschale
1 EL Limettensaft
1 EL mildes Olivenöl

1 Für die Rinderlende den Backofen auf 100 °C vorheizen. Ein Ofengitter auf die mittlere Schiene und darunter ein Abtropfblech schieben. Das Öl in einer Pfanne erhitzen und die Rinderlende darin bei mittlerer Hitze rundum anbraten. Auf das Ofengitter legen und im Ofen 2 1/2 bis 3 Stunden rosa durchziehen lassen.

2 Für die Gewürzbutter die braune Butter in einer Pfanne bei milder Hitze zerlassen und mit Steak- und Grillgewürz und Chilisalz würzen. Die gebratene Rinderlende darin wenden und darin warm halten. Nach Belieben noch etwas mildes Olivenöl dazugeben.

3 Für den Gemüsesalat die Mini-Karotten waschen, das Grün bis auf 1 cm abschneiden. Die Karotten in kochendem Salzwasser bissfest blanchieren. In ein Sieb abgießen, kalt abschrecken und schälen.

4 Von den Zuckerschoten die Enden abknipsen, die Zuckerschoten waschen und schräg halbieren. Den Romanesco waschen, putzen und in kleine Röschen teilen, den Strunk schälen und in Scheiben schneiden. Zuckerschoten, Romanesco-Röschen und Romanesco-Scheiben nacheinander in kochendem Salzwasser bissfest garen. Mit dem Schaumlöffel herausheben, kalt abschrecken und abtropfen lassen.

5 Das Gemüse mit der Brühe in einen Topf geben und erhitzen. Butter hinzufügen und mit Gemüsegewürz, Limettenschale und -saft sowie Olivenöl abschmecken.

6 Die Rinderlende aus der Gewürzbutter nehmen, aufschneiden und mit dem lauwarmen Gemüsesalat servieren.

Tipp

Dazu passt eine Trüffelremoulade: 200 g Crème fraîche mit 2 EL Milch und 1/2 TL scharfem Senf glatt rühren. 1 hart gekochtes Ei, 4 Sardellenfilets, 2 TL Kapern und 1 Gewürzgurke (ca. 70 g) klein hacken und mit 2 EL geschnittenen Petersilienblättern und 1 TL gehacktem schwarzem Trüffel in die Crème fraîche rühren. Mit 1 EL Rotweinessig, einigen Spritzern Worcestershiresauce, Salz und Pfeffer abschmecken.

Rinderfiletsteaks mit Paradeisern und Estragon

Zutaten für 4 Personen

6 vollreife Tomaten (Paradeiser)
8 Rinderfiletsteaks (ca. 800 g; 1 1/2–2 cm dick, aus dem Mittelstück)
2 TL Öl
rot-grünes Chilisalz mit Vanille
Ingwer-Knoblauch-Salz
Zucker
1 TL Estragon (frisch geschnitten)
1 EL braune Butter (siehe Tipp S. 22)
30 g kalte Butter

1 Die Tomaten kreuzweise einritzen, überbrühen, kalt abschrecken, häuten, vierteln, entkernen und in kleine Würfel schneiden. Die Kerne in einem hohen Rührbecher mit dem Stabmixer kurz pürieren und durch ein feines Sieb streichen.

2 Den Backofen auf 70 °C vorheizen. Die Rinderfiletsteaks mit dem Handballen etwas flach drücken. Das Öl in einer großen Pfanne erhitzen und die Steaks darin bei mittlerer Hitze etwa 2 Minuten braten, bis an der Oberfläche Fleischsaft austritt und sich die Fleischscheiben nach oben wölben. Die Steaks wenden und auf der zweiten Seite ebenfalls 2 Minuten braten, bis sich die Fleischstücke wieder nach oben wölben und Fleischsaft austritt. Die Pfanne vom Herd nehmen und die Steaks in der Resthitze noch 1 Minute ziehen lassen. Die Steaks mit etwas Chilisalz würzen, aus der Pfanne nehmen und im Ofen warm halten.

3 Die Hälfte der Tomatenwürfel mit dem Tomatensaft, etwas Ingwer-Knoblauch-Salz und 1 Prise Zucker in der Pfanne im verbliebenen Bratensatz 3 bis 4 Minuten dünsten, bis die Tomaten sämig sind. Die restlichen Tomatenwürfel mit dem Estragon dazugeben. Die braune und die kalte Butter unterrühren und die Pfanne vom Herd nehmen.

4 Je 2 Rinderfiletsteaks mit den Paradeisern auf vorgewärmten Tellern anrichten und sofort servieren. Als Beilage dazu passen Bratkartoffeln, würzige Ofenkartoffeln oder knusprig gebratene Kartoffelwürfel.

Tipp

Steaks in der Pfanne genau „auf den Punkt" zu garen, funktioniert nach der oben beschriebenen Methode nur bei Steaks, die 1 1/2 bis 2 cm dick sind. Dickere Steaks brät man in der Pfanne nur kurz an und lässt sie dann im Backofen bei 100 °C je nach Dicke 40 bis 60 Minuten (oder länger) rosa durchziehen.

Geschmorte Rinderschulter mit geröstetem Sternanis

Zutaten für 4 Personen

2 Zwiebeln
1 kleine Karotte
100 g Knollensellerie
2–3 EL Öl
1 1/2 kg flache Rinderschulter (Schaufelbug)
2 EL Puderzucker
1 EL Tomatenmark
5 EL Weinbrand
350 ml kräftiger Rotwein
1 l Hühnerbrühe
1 Knoblauchzehe
2 Scheiben Ingwer
je 1 Streifen unbehandelte Zitronen- und Orangenschale
1/2–1 TL Bratengewürz
1/2 TL gehackte Zartbitterschokolade
40 g kalte Butter (in Stücken)
2 TL milder Aceto balsamico
Chilisalz
1/2 TL gemahlener Sternanis
je 1 Msp. gemahlener Fenchel und Koriander

1 Die Zwiebeln schälen, die Karotte und den Sellerie putzen und schälen. Das Gemüse in etwa 1 cm große Würfel schneiden. Den Backofen auf 160 °C vorheizen.

2 In einem Schmortopf 1 bis 2 EL Öl erhitzen und die Rinderschulter darin bei mittlerer Hitze rundum kurz anbraten. Das Fleisch wieder herausnehmen. 1 EL Puderzucker hineinstäuben und hell karamellisieren. Das Tomatenmark unterrühren und kurz anrösten. Mit dem Weinbrand und einem Drittel des Weins ablöschen und sämig einköcheln lassen. Den restlichen Wein in 2 Portionen dazugeben und jeweils sämig einköcheln lassen.

3 Das Gemüse in einer Pfanne in etwa 1 EL Öl bei mittlerer Hitze andünsten und in den Schmortopf geben. Die Brühe dazugießen, das Fleisch wieder hineingeben und zugedeckt im Ofen auf der mittleren Schiene etwa 3 1/2 Stunden schmoren, dabei gelegentlich wenden.

4 Das Fleisch aus der Schmorsauce nehmen. Die Sauce auf etwa die Hälfte einköcheln lassen. Den Knoblauch schälen und halbieren. Mit dem Ingwer sowie der Zitronen- und Orangenschale in die Sauce geben und 5 Minuten ziehen lassen. Die Sauce durch ein Sieb gießen, dabei das Gemüse etwas ausdrücken. Die Sauce mit Bratengewürz würzen.

5 Die Schokolade mit der kalten Butter unter die Sauce rühren und mit etwas Essig und Chilisalz würzen.

6 Den restlichen Puderzucker mit Sternanis, Fenchel und Koriander in einer Pfanne bei milder Hitze erwärmen, bis die Gewürze zu duften beginnen.

7 Das Fleisch in Scheiben schneiden und auf vorgewärmten Tellern anrichten. Mit der Sauce beträufeln und mit den gerösteten Gewürzen bestreut servieren.

Tipp

Als Beilage zur Rinderschulter passen Kartoffel- und Selleriepüree, Salzkartoffeln, Spätzle oder Nudeln sowie praktisch jedes Gemüse der Saison wie Karotten, Rosenkohl etc.

Glasiertes Rinderfilet auf Wokgemüse

Zutaten für 4 Personen

Für das Wokgemüse:
1 Karotte
1 weiße Zwiebel
2 Stangen Staudensellerie (mit Grün)
1 rote Spitzpaprika
60 g Mini-Maiskolben
60 g grüne Bohnen · Salz
2 runde Mini-Auberginen (à ca. 40 g)
60 g Bambushälften (aus der Dose)
1 Handvoll Mungobohnensprossen
2 Knoblauchzehen
1 EL Erdnussöl
200 ml Gemüsebrühe
5 dünne Scheiben Ingwer
1–2 EL helle Sojasauce
1 EL Fischsauce
2 EL chinesischer Reiswein
2 TL Speisestärke
mildes Chilisalz
1 TL Asiatisches Wokgewürz
6 Stiele Koriander

Für das Rinderfilet:
1 TL Erdnussöl
500 g Rinderfiletsteaks (ca. 1 cm dick)
1 EL helle Sojasauce
1 Stängel Zitronengras (längs und quer halbiert)
1 TL Asiatisches Wokgewürz
1 Knoblauchzehe (in feinen Würfeln)
1 TL Ingwer (in feinen Würfeln)
40 g kalte Butter

1 Für das Wokgemüse die Karotte putzen, schälen und in dünne Scheiben schneiden oder hobeln. Die Zwiebel schälen und in 2 cm große Würfel schneiden. Den Sellerie putzen, waschen und schräg in 1/2 cm breite Stücke schneiden, das Grün beiseitelegen. Die Paprikaschote längs halbieren, entkernen, waschen und in 2 cm große Stücke schneiden. Die Mini-Maiskolben waschen und längs halbieren.

2 Die Bohnen putzen, waschen und in 3 cm lange Stücke schneiden. In kochendem Salzwasser etwa 8 Minuten bissfest garen. In ein Sieb abgießen, kalt abschrecken und abtropfen lassen. Die Mini-Auberginen putzen, waschen und in Spalten schneiden. Die Bambushälften in ein Sieb abgießen, abtropfen lassen und in breite Streifen schneiden. Die Mungobohnensprossen auf einem Sieb abbrausen und abtropfen lassen. Den Knoblauch schälen und in dünne Scheiben schneiden.

3 Das Öl im Wok oder in einer großen tiefen Pfanne erhitzen und die Karotte, die Zwiebel, den Sellerie, die Paprika und die Auberginen darin bei mittlerer Hitze unter Rühren 2 Minuten andünsten. Den Mais hinzufügen und die Brühe angießen. Knoblauch, Ingwer, Sojasauce, Fischsauce und Reiswein unterrühren.

4 Die Speisestärke mit wenig kaltem Wasser glatt rühren. Das Gemüse an die Seite schieben, die Speisestärke in den Fond rühren, und köcheln lassen, bis dieser leicht sämig bindet. Das Gemüse darin wenden. Bohnen, Mungobohnensprossen und Bambusstreifen miterhitzen. Das Gemüse mit Chilisalz und Wokgewürz abschmecken. Den Koriander waschen und trocken schütteln. Einige Blätter für die Garnitur beiseitelegen, den Rest mit den Stielen klein schneiden und unter das Gemüse rühren.

5 Für das Rinderfilet eine Pfanne bei milder Temperatur erhitzen und den Pfannenboden mit dem Öl einpinseln. Die Steaks darin 1 bis 2 Minuten anbraten, bis sie sich nach oben wölben und sich an der Oberfläche Fleischsaftperlen bilden. Die Filets wenden und weiterbraten, bis sie sich erneut wölben und Fleischsaft austritt.

6 Die Steaks aus der Pfanne nehmen. Den Bratensatz mit der Sojasauce und 100 ml Wasser ablöschen. Das Zitronengras, das Wokgewürz, den Knoblauch und den Ingwer unterrühren und den Sud 30 Sekunden einköcheln lassen. Die Pfanne vom Herd nehmen, das Zitronengras entfernen und die kalte Butter unterrühren. Die Steaks darin wenden.

7 Das Gemüse auf Teller verteilen, die Steaks daneben anrichten und mit den beiseitegelegten Sellerie- und Korianderblättern garnieren.

Rosa gebratener Kalbstafelspitz mit Rösterdäpfeln

Zutaten für 4 Personen

Für die Rösterdäpfel:
1 kg festkochende Kartoffeln (Erdäpfel)
Salz
1 Zwiebel
2–3 EL Öl
Pfeffer aus der Mühle
1 EL Bratkartoffelgewürz
1 EL Petersilienblätter (frisch geschnitten)
4 Scheiben Frühstücksspeck

Für den Kalbstafelspitz:
1 kg Kalbstafelspitz (küchenfertig)
1–2 TL Öl

Außerdem:
mildes Chilisalz
1 Stück Meerrettichwurzel

1 Die Kartoffeln waschen und in Salzwasser weich garen. Abgießen, kurz ausdampfen lassen und möglichst heiß pellen, dann mehrere Stunden abkühlen lassen.

2 Für den Kalbstafelspitz den Backofen auf 100 °C vorheizen. Auf die mittlere Schiene ein Ofengitter und auf die unterste Schiene ein Abtropfblech schieben. Den Kalbstafelspitz in einer großen Pfanne im Öl rundum anbraten. Herausnehmen, auf das Ofengitter in den Ofen setzen und darin etwa 1 1/4 Stunden rosa durchziehen lassen.

3 Die Kartoffeln in etwa 1/2 cm dicke Scheiben schneiden. Zwiebel schälen und in feine Würfel schneiden. Kartoffeln in einer Pfanne bei milder Hitze in 1 bis 2 EL Öl auf einer Seite goldbraun anbraten. Wenden, Zwiebeln dazugeben und mitdünsten lassen. Mit Salz, Pfeffer und Bratkartoffelgewürz abschmecken. Die Petersilie hinzufügen.

4 Den Speck in Würfel schneiden und in einer Pfanne bei mittlerer Hitze im restlichen Öl knusprig braten. Auf Küchenpapier abtropfen lassen und über die Kartoffeln streuen.

5 Die Kartoffeln auf vorgewärmte Teller verteilen, den Kalbstafelspitz in Scheiben schneiden, darauflegen und mit Chilisalz bestreuen. Den Meerrettich frisch darüberraspeln und alles nach Belieben mit Apfelspalten, Lorbeerblatt und Chili garnieren.

Tipp

Zum Kalbstafelspitz passt auch das Apfelrahmkraut von Seite 90. Die Apfelspalten können Sie noch mit etwas Limettenschale, einem Stück Vanilleschote und etwas Zimtrinde verfeinern.

Gefüllte Kalbsbrust mit Schmorgemüse

Zutaten für 4–6 Personen

Für die Füllung:
2 EL getrocknete Totentrompetenpilze
250 g Toastbrot (entrindet)
1/2 Zwiebel · 1 EL Butter
200 ml Milch · 3 Eier
1 EL Petersilienblätter (frisch geschnitten)
Salz · Pfeffer aus der Mühle
frisch geriebene Muskatnuss

Für die Kalbsbrust:
1,5 kg Milchkalbsbrust (küchenfertig)
Salz · Pfeffer aus der Mühle
3 Zwiebeln · 2 Karotten
200 g Knollensellerie
1 TL Puderzucker
1 TL Tomatenmark
1/4 l Rotwein
1 EL Öl
1/2 l Hühnerbrühe
1–2 TL Speisestärke
3 Stiele Petersilie
1 Knoblauchzehe (geschält und halbiert)
1 Scheibe Ingwer
1 Streifen unbehandelte Zitronenschale
1/2–1 TL Bratengewürz
20 g kalte Butter

1 Für die Füllung etwas Wasser in einem kleinen Topf aufkochen. Die getrockneten Pilze darin 5 Minuten köcheln lassen. In ein Sieb abgießen, kalt abschrecken, abtropfen lassen und klein schneiden. Das Toastbrot in Würfel schneiden und in eine Schüssel geben.

2 Die Zwiebel schälen und in kleine Würfel schneiden. Die Butter in einer Pfanne zerlassen und die Zwiebelwürfel darin glasig dünsten. Die Milch aufkochen. Die Eier in einer Schüssel verquirlen, die heiße Milch langsam dazugießen und mit den Eiern verrühren. Die Eiermilch über das Toastbrot gießen und mit den Pilzen, der Zwiebel und der Petersilie vermischen. Die Brotmasse mit Salz, Pfeffer und Muskatnuss würzen.

3 Für die Kalbsbrust mit einem scharfen Messer in das Fleisch eine Tasche einschneiden und innen mit Salz und Pfeffer würzen. Kalbsbrust nicht ganz mit der Brotmasse füllen und die offene Seite mit Rouladennadeln verschließen oder zunähen. Die Zwiebeln, die Karotten und den Knollensellerie schälen und in 1 bis 2 cm große Stücke oder Streifen schneiden. Den Backofen auf 150 °C vorheizen.

4 Den Puderzucker in einem großen Bräter karamellisieren. Das Tomatenmark unterrühren und kurz andünsten. Nach und nach mit je einem Drittel Rotwein ablöschen und jeweils einköcheln lassen. Das Öl in einer Pfanne erhitzen und das Gemüse darin bei mittlerer Hitze andünsten. Mit der Brühe in den Bräter geben. Die Kalbsbrust daraufsetzen und im Ofen auf der mittleren Schiene 3 bis 3 1/2 Stunden schmoren lassen. Dabei mehrmals mit dem Schmorsud begießen.

5 Die Kalbsbrust aus dem Bräter nehmen und warm stellen. Die Sauce durch ein Sieb in einen Topf gießen, das Gemüse beiseitestellen. Die Sauce um ein Drittel einköcheln lassen. Die Speisestärke mit wenig kaltem Wasser glatt rühren, in die Sauce rühren und 2 Minuten leicht köcheln lassen. Die Petersilie waschen, trocken tupfen, Blätter abzupfen und beiseitelegen. Petersilienstiele, Knoblauch, Ingwer und Zitronenschale in die Sauce geben und einige Minuten darin ziehen lassen. Die Gewürze wieder entfernen.

6 Das Gemüse wieder in den Topf geben und die Sauce mit Bratengewürz abschmecken. Die Butter in Stücken hinzufügen und die Sauce nochmals erhitzen. Die Petersilienblätter klein schneiden und unterrühren. Die Milchkalbsbrust in Scheiben schneiden und mit dem Schmorgemüse und der Sauce auf vorgewärmte Teller verteilen.

Kalbshaxe im Ganzen geschmort

Zutaten für 4 Personen

2 Zwiebeln
1 Karotte
120 g Knollensellerie
2–3 EL Öl
1 Kalbshaxe (3 kg; küchenfertig)
2 TL Puderzucker
1 EL Tomatenmark
150 ml Rotwein
1/2 l Hühnerbrühe
1 Knoblauchzehe (geschält)
1 Scheibe Ingwer
1 Streifen unbehandelte Zitronenschale
1 Zweig Thymian
1/2–1 TL Bratengewürz
Chilisalz
Salz · Pfeffer aus der Mühle

1 Den Backofen auf 160 °C vorheizen. Die Zwiebeln, die Karotte und den Knollensellerie schälen. Die Zwiebeln klein schneiden, Karotte und Sellerie in Stücke schneiden.

2 In einem Bräter 1 bis 2 EL Öl erhitzen. Die Kalbshaxe darin bei mittlerer Hitze rundum anbraten und herausnehmen. Das Fett mit Küchenpapier aus dem Bräter tupfen. Den Puderzucker in den Bräter stäuben und hell karamellisieren. Das Tomatenmark unterrühren und kurz mitdünsten. Mit der Hälfte des Rotweins ablöschen und sirupartig einköcheln. Den restlichen Rotwein angießen und ebenfalls einköcheln lassen.

3 Das restliche Öl in einer Pfanne erhitzen und das Gemüse bei mittlerer Hitze darin andünsten. Gemüse in den Bräter geben und die Brühe angießen. Die Kalbshaxe daraufsetzen und zugedeckt im Ofen auf der mittleren Schiene 4 1/2 Stunden schmoren, dabei mehrmals wenden. Nach 2 Stunden den Deckel abnehmen und die Kalbshaxe gelegentlich mit der Sauce begießen.

4 Die Kalbshaxe aus dem Bräter nehmen. Die Sauce bei mittlerer Hitze auf dem Herd etwas einköcheln lassen. Knoblauch, Ingwer, Zitronenschale und Thymian einige Minuten in der Sauce ziehen lassen. Die Sauce durch ein Sieb gießen und das Gemüse dabei gut ausdrücken. Die Sauce mit Bratengewürz und Chilisalz abschmecken. Die Kalbshaxe in Scheiben schneiden, mit Salz und Pfeffer würzen und mit der Sauce anrichten.

Tipp

Noch saftiger wird die Kalbshaxe nach folgender Methode: Die Haxe nicht anbraten, sondern 1 bis 2 Stunden dämpfen. Dann den Puderzucker karamellisieren und mit den restlichen Zutaten wie oben beschrieben die Sauce ansetzen. Die Kalbshaxe daraufgeben, schmoren und wie beschrieben fertigstellen.

Schweinekarree mit Knoblauchgemüse

Zutaten für 4 Personen

1 kg grüne Saubohnen (in der Schote) · Salz
2 Zwiebeln
400 g Karotten
600 g Kartoffeln
1 1/2 kg Stielkotelett (am Stück, Knochen freigelegt)
3 EL Öl
20 geschälte Knoblauchzehen
1/4 l Hühnerbrühe
50 g getrocknete Tomaten (in Öl)
1–2 TL Schweinebratengewürz
1 Msp. abgeriebene unbehandelte Zitronenschale
Chilisalz

1 Die Bohnen aus den Schoten brechen, die Schoten entfernen. Die Bohnenkerne in Salzwasser bissfest blanchieren, in Eiswasser abschrecken und auf einem Sieb abtropfen lassen. Die dicke äußere Haut der Bohnenkerne entfernen. Die Zwiebeln schälen und in 2 cm große Scheiben schneiden. Karotten und Kartoffeln schälen, Karotten schräg in dünne Scheiben, Kartoffeln in Würfel schneiden.

2 Für das Schweinekarree die Schwarte des Stielkoteletts in Rauten einschneiden. Das Öl in einem Bräter erhitzen und das Stielkotelett darin zuerst auf der Schwartenseite anbraten. Die Schwarte sollte dabei eine goldbraune Farbe annehmen. Anschließend wenden und das Fleisch bei milder Hitze rundum anbraten. Den Backofen auf 140 °C vorheizen.

3 Die Zwiebeln, die Karotten und die Knoblauchzehen zum Fleisch geben und etwas mitschmoren lassen. Mit der Brühe aufgießen und die Kartoffelwürfel dazugeben. Das Karree mit der Schwarte nach oben im vorgeheizten Ofen etwa 2 Stunden garen.

4 Die getrockneten Tomaten abtropfen lassen und in Streifen schneiden. Tomaten und Bohnen in den letzten 15 Minuten in den Bräter geben. Zum Schluss die Sauce mit Schweinebratengewürz, Zitronenschale und Chilisalz abschmecken.

Tipp

Soll das Schweinekarree eine schöne Kruste bekommen, kurz vor Garzeitende für einige Minuten den Backofengrill dazuschalten.

Reindlbraten mit Schmorgemüse

Zutaten für 4 Personen

3 große weiße Zwiebeln
1 Karotte
150 g Knollensellerie
1–2 EL Öl
1 1/2 kg Schweinehals (ohne Schwarte; küchenfertig)
600 g kleine festkochende Kartoffeln
1 TL Puderzucker
1 EL Tomatenmark
200 ml leichter Rotwein
1 l Hühnerbrühe
2 Knoblauchzehen (geschält und halbiert)
1 Scheibe Ingwer
1 Streifen unbehandelte Zitronenschale
1–2 TL Schweinebratengewürz
Salz · Pfeffer aus der Mühle

1 Den Backofen auf 160 °C vorheizen. Die Zwiebeln, die Karotte und den Sellerie schälen und alles in 1 1/2 bis 2 cm große Stücke schneiden. Das Öl in einer Pfanne erhitzen und das Fleisch darin rundum anbraten. Herausnehmen und beiseitestellen, anschließend das Gemüse in der Pfanne leicht braun rösten.

2 Die Kartoffeln schälen, waschen und halbieren oder vierteln. Den Puderzucker in einem Bräter bei mittlerer Hitze hell karamellisieren. Das Tomatenmark unterrühren und etwas mitrösten. Mit dem Wein ablöschen und alles sämig einköcheln lassen. Das Gemüse, die Kartoffeln und die Brühe dazugeben. Den Schweinehalsbraten daraufsetzen und im Ofen auf der mittleren Schiene etwa 3 Stunden offen garen, dabei zwischendurch wenden.

3 Das Fleisch aus dem Ofen nehmen und warm stellen. Die Sauce durch ein Sieb in einen Topf gießen, das Gemüse in einem zweiten Topf beiseitestellen. Die Sauce gegebenenfalls entfetten und die Sauce noch etwas einköcheln lassen.

4 Knoblauch, Ingwer und Zitronenschale zur Sauce geben und 5 bis 10 Minuten darin ziehen lassen. Die Sauce durch ein Sieb zurück zum Gemüse gießen, nochmals erhitzen und mit Schweinebratengewürz, Salz und Pfeffer abschmecken.

5 Den Schweinehalsbraten in Scheiben schneiden und nach Belieben mit Salz und Pfeffer oder mildem Chilisalz würzen. Mit dem Schmorgemüse und der Bratensauce auf vorgewärmten Tellern anrichten.

Tipp

Dazu passt ausgezeichnet ein Krautsalat: Hobeln Sie dafür 1/2 Kopf jungen Weißkohl oder Spitzkohl (etwa 500 g) in feine Streifen und würzen Sie den Kohl mit Salz. Für die Marinade in einem Topf 1 EL Puderzucker hell karamellisieren, mit 5 EL Rotweinessig ablöschen und auf die Hälfte einkochen lassen. Den Sud mit 125 ml Brühe aufgießen, einmal aufkochen und heiß über das Kraut gießen. Dann 2 EL Öl dazugeben und den Krautsalat mit Salz, Pfeffer, je 1 Prise mildem Chilipulver, gemahlenem Kümmel und Zucker würzen.

Krustenbraten mit Quitte

Zutaten für 4 Personen

800 ml Hühnerbrühe
1 1/2 kg Schweinebauch (mit Schwarte)
3 Zwiebeln
1/2 kleine Karotte
150 g Knollensellerie
1 EL Öl
1 EL Tomatenmark
150 ml leichter Rotwein
80 ml Quittensaft (Direktsaft)
Salz
2 TL Speisestärke
4 Knoblauchzehen (in Scheiben)
5 Scheiben Ingwer
1 Stück Zimtrinde
1–2 TL Schweinebratengewürz

1 Den Backofen auf 130 °C vorheizen. Die Brühe in einen Bräter gießen, den Schweinebauch mit der Schwarte nach unten in die Brühe legen und im Ofen auf der mittleren Schiene 1 Stunde garen.

2 Inzwischen die Zwiebeln schälen, die Karotte und den Sellerie putzen und schälen. Das Gemüse in 1 bis 1 1/2 cm große Stücke schneiden und in einem Topf im Öl bei mittlerer Hitze beinahe farblos anbraten. Das Tomatenmark unterrühren und anrösten, bis es am Topfboden bräunt. Mit dem Wein ablöschen und sämig einköcheln lassen. Den Quittensaft hinzufügen und ebenfalls sämig einköcheln lassen.

3 Das Fleisch aus dem Bräter nehmen und umdrehen. Mit einem scharfen Messer die Schwarte quer zur Faser in Abständen von 1 cm einritzen. Die Backofentemperatur auf 160 °C erhöhen.

4 Das angedünstete Gemüse zur Brühe in den Bräter geben und untermischen. Den Schweinebraten mit der Schwarte nach oben daraufsetzen und im Ofen auf der mittleren Schiene weitere 2 Stunden garen. Am Ende der Garzeit den Bräter herausnehmen und die Ofentemperatur auf 220 bis 240 °C Oberhitze oder Umluftgrill erhöhen.

5 Den Braten aus der Sauce nehmen, auf ein Backblech setzen und die Schwarte mit Salz würzen. Den Schweinebraten im Ofen auf der untersten Schiene 20 bis 30 Minuten knusprig braten.

6 Die Sauce in einem Topf aufkochen. Die Speisestärke mit wenig kaltem Wasser glatt rühren, nach und nach in die köchelnde Sauce rühren, bis sie leicht sämig bindet. 1 bis 2 Minuten leicht köcheln lassen. Knoblauch, und Ingwer hinzufügen und die Sauce knapp unter dem Siedepunkt 10 Minuten ziehen lassen. Mit der Zestenreibe etwas Zimt in die Sauce reiben. Die Sauce durch ein Sieb streichen und mit Schweinebratengewürz und Salz würzen. Den Schweinebraten in Scheiben schneiden und mit der Bratensauce anrichten.

Tipp

Zum Schweinebraten passen als Beilage Kartoffel-, Semmel- oder Brezenknödel.

Schweinekotelett auf Gartengemüse mit Apfel-Senfkörner-Joghurt

Zutaten für 4 Personen

Für das Schweinekotelett:
4 Schweinekoteletts (à 250 g)
1 TL Öl · mildes Chilisalz
30 g Gratinierbutter (siehe S. 92)

Für das Gartengemüse:
150 g breite grüne Bohnen · Salz
150 g Cocktailtomaten
1 Bund Frühlingszwiebeln
2 große Karotten
1 Kohlrabi
100 ml Hühnerbrühe
1 Knoblauchzehe (in Scheiben)
2 Scheiben Ingwer
1 Streifen unbehandelte Zitronenschale
rot-grünes Chilisalz mit Vanille
1/2–1 TL Gemüsegewürz
1 EL braune Butter (siehe Tipp S. 22)

Für den Apfel-Senfkörner-Joghurt:
50 ml Apfelsaft
2 TL gelbe Senfkörner
2 Scheiben Ingwer
1 Knoblauchzehe (in Scheiben)
2 cm Zimtrinde
1 Lorbeerblatt
1/2 kleiner Apfel
1 TL Apfelgelee
150 g Rahmjoghurt (10 % Fett)
1 TL süßer Senf · 2 TL Dijon-Senf
je 1 Msp. abgeriebene unbehandelte Zitronen- und Orangenschale

1 Für das Schweinekotelett den Backofen auf 100 °C vorheizen. Ein Ofengitter auf die mittlere Schiene und darunter ein Abtropfblech schieben. Die Schweinekoteletts waschen und trocken tupfen. Das Öl in einer Pfanne erhitzen und die Koteletts darin bei mittlerer Hitze auf beiden Seiten und den Rändern braun braten. Auf das Gitter im Ofen legen und je nach Dicke 30 bis 45 Minuten saftig durchziehen lassen.

2 Inzwischen für das Gartengemüse die Bohnen putzen, waschen und schräg in etwa 3 cm lange rautenförmige Stücke schneiden. In kochendem Salzwasser etwa 6 Minuten blanchieren. In ein Sieb abgießen, kalt abschrecken und abtropfen lassen.

3 Die Cocktailtomaten waschen. Die Frühlingszwiebeln putzen (dabei das Grün weitgehend entfernen), waschen und in 4 cm lange Stücke schneiden. Die Karotten und den Kohlrabi putzen und schälen. Die Karotten in Scheiben, den Kohlrabi in dünne Spalten schneiden.

4 Die Karotten und den Kohlrabi in der Brühe mit Knoblauch, Ingwer, und Zitronenschale weich dünsten. Die Frühlingszwiebeln und die Cocktailtomaten dazugeben und kurz mitdünsten. Zum Schluss die Bohnen hinzufügen und das Gemüse mit Chilisalz, Gemüsegewürz und der braunen Butter abschmecken.

5 Für den Apfel-Senfkörner-Joghurt den Apfelsaft mit Senfkörnern, Ingwer, Knoblauch, Zimt und Lorbeerblatt in einem kleinen Topf erhitzen und etwa 5 Minuten köcheln lassen. In ein Sieb abgießen und abtropfen lassen, dabei den Sud auffangen. Die Gewürze, bis auf die Senfkörner, entfernen.

6 Den Apfel schälen, entkernen und in sehr kleine Würfel schneiden. Das Apfelgelee in einem Topf bei milder Hitze erwärmen, die Senfkörner und etwa 1 EL vom Gewürzsud unterrühren. Den Joghurt mit beiden Senfsorten sowie der Zitronen- und Orangenschale glatt rühren. Die Apfelstücke und die Apfelgelee-Senfkörner-Mischung unterrühren.

7 Die Koteletts auf ein mit Backpapier belegtes Backblech legen und mit Chilisalz würzen. Die Gratinierbutter in dünne Scheiben schneiden, die Koteletts damit belegen und unter dem Backofengrill auf der untersten Schiene einige Minuten goldbraun gratinieren.

8 Das Gartengemüse auf vorgewärmte Teller verteilen, die Schweinekoteletts daneben anrichten und den Apfel-Senfkörner-Joghurt darum herumträufeln oder getrennt dazu servieren. Nach Belieben mit je 1 kleinen Rosmarinzweig garnieren.

Schweinefilets auf Zwiebel-Minze-Salat mit Mango

Zutaten für 4 Personen

Für den Zwiebel-Minze-Salat:
2 Zwiebeln (ca. 250 g) · Salz
je 2 EL Dillspitzen, Minzeblätter und Koriandergrün (frisch geschnitten)
50 ml Hühnerbrühe
2 TL Limettensaft · 1 EL Öl
Pfeffer aus der Mühle · Zucker

Für die Schweinefilets:
400 g Schweinefilet (ersatzweise Schnitzelfleisch)
Öl für die Folie
12 hauchdünne Scheiben Schwarzwälder Schinken
3–4 EL Öl
1/2 TL Puderzucker
50 ml Weißwein
4 EL Hühnerbrühe
20 g kalte Butter
Pfeffer aus der Mühle

Außerdem:
1/2 Mango

1 Für den Zwiebel-Minze-Salat die Zwiebeln schälen, in dünne Ringe schneiden, mit Salz bestreuen und 15 Minuten ziehen lassen. Dann die Zwiebelringe in ein Sieb geben, kurz mit kaltem Wasser abbrausen und abtropfen lassen.

2 Jeweils 1 TL Dill, Minze und Koriander beiseitelegen. Die Brühe mit den restlichen Kräutern, dem Limettensaft und dem Öl in einen hohen Rührbecher geben. Mit Salz, Pfeffer und 1 Prise Zucker würzen und mit dem Stabmixer pürieren. Die beiseitegelegten Kräuter unterrühren. Die Kräuterpaste mit den Zwiebelringen mischen und nochmals würzen.

3 Für die Schweinefilets das Filet in 12 Scheiben schneiden und zwischen zwei Lagen geölter Frischhaltefolie mit dem Plattiereisen oder der flachen Seite eines Schnitzelklopfers zu dünnen Scheiben klopfen. Die Fleischscheiben mit den Schinkenscheiben umwickeln.

4 Das Öl in einer Pfanne erhitzen und das Fleisch darin bei mittlerer Hitze auf jeder Seite 1 bis 2 Minuten anbraten. Herausnehmen und warm halten. Das Öl mit Küchenpapier aus der Pfanne tupfen. Den Puderzucker hineingeben und hell karamellisieren. Mit dem Wein ablöschen und einköcheln lassen. Erst die Brühe, dann die kalte Butter hinzufügen.

5 Die Mango schälen und in kleine Würfel schneiden. Die Schweinefilets auf vorgewärmte Teller verteilen und etwas Pfeffer darübermahlen. Mit der Sauce beträufeln und den Zwiebel-Minze-Salat daneben anrichten. Die Mangowürfel darüberstreuen.

Tipp

Durch das Unterrühren der kalten Butter verleiht man dem Bratensatz eine leichte Bindung. Um eine Gerinnung zu vermeiden, darf die Sauce anschließend nicht mehr kochen, da sich sonst die Komponenten nach kurzer Zeit wieder trennen.

Schweinefilet mit Apfelrahmkraut

Zutaten für 4 Personen

Für das Schweinefilet:
12 lange Scheiben Frühstücksspeck (ca. 120 g)
80 g Kalbsbrät (vom Metzger)
2 EL Sahne · 1 cl Sherry
1 EL Thymianblättchen
2–3 EL Petersilienblätter (frisch geschnitten)
2 Schweinefilets (à 300 g; aus dem Mittelstück) · 1 EL Öl

Für das Apfelrahmkraut:
1 kleine Zwiebel
500 g Spitzkohl
1 Karotte · 100 g Knollensellerie
2 kleine Äpfel (z. B. Elstar)
2 TL Puderzucker
50 ml Weißwein
2 EL Wermut (z. B. Noilly Prat)
100 ml Gemüsebrühe
150 g Sahne
1 TL Speisestärke
mildes Chilisalz
1/2 TL Gemüsegewürz
1 EL Petersilienblätter (frisch geschnitten)
je 1/2–1 TL abgeriebene unbehandelte Zitronen- und Orangenschale
1 EL Butter

1 Für das Schweinefilet den Backofen auf 100 °C vorheizen. Ein Ofengitter auf die mittlere Schiene und darunter ein Abtropfblech schieben.

2 Jeweils 6 Scheiben Frühstücksspeck leicht überlappend nebeneinander auf Frischhaltefolie legen. Das Kalbsbrät mit Sahne und Sherry verrühren, den Speck gleichmäßig damit bestreichen und mit Thymian und Petersilie bestreuen. Die Schweinefilets von Fett und Sehnen befreien. Je 1 Schweinefilet auf den Speck legen und mithilfe der Frischhaltefolie darin einwickeln. Die Frischhaltefolie wieder entfernen. Das Öl in einer Pfanne erhitzen und die Filets darin bei mittlerer Hitze auf der Nahtseite anbraten. Dann nach und nach rundum anbraten. Das Fleisch auf das Gitter in den Ofen legen und je nach Dicke gut 45 Minuten rosa garen.

3 Inzwischen für das Apfelrahmkraut die Zwiebel schälen und in Rauten schneiden. Vom Spitzkohl die äußeren Blätter und den Strunk entfernen. Die Blätter waschen, trocken schleudern und in Rauten schneiden. Die Karotte und den Sellerie putzen und schälen, zuerst in dünne Scheiben, dann in Rauten schneiden. Das Gemüse in kochendem Salzwasser blanchieren. Die Äpfel waschen, vierteln und entkernen. Einen Apfel in 5 mm dicke Stücke, den anderen Apfel in Spalten schneiden.

4 In einer Pfanne 1 TL Puderzucker hell karamellisieren und die Zwiebel und den Sellerie darin bei mittlerer Hitze glasig dünsten. Spitzkohl und Karotte dazugeben und mitdünsten. Mit Wein und Wermut ablöschen und einköcheln lassen. Brühe angießen und alles 10 Minuten ziehen lassen. Die Sahne dazugeben und erhitzen. Die Speisestärke mit wenig kaltem Wasser glatt rühren und nach und nach in die Gemüseauce geben, bis diese sämig bindet. Die Apfelstücke unter das Gemüse rühren und erhitzen. Mit Chilisalz und Gemüsegewürz würzen. Die Petersilie, Zitronen- und Orangenschale und und die Butter unterrühren. Das Gemüse warm halten.

5 Den restlichen Puderzucker in einer Pfanne hell karamellisieren und die Apfelspalten darin bei mittlerer Hitze andünsten.

6 Das Apfelrahmkraut auf vorgewärmte Teller verteilen. Das Schweinefilet in Scheiben schneiden, darauf anrichten und mit den gedünsteten Apfelspalten garniert servieren.

Lammkarree mit Fenchelgemüse

Zutaten für 4 Personen

Für die Gratiniermasse:
150 g weiche Butter
1–2 TL schwarze Pfefferkörner
1 Knoblauchzehe
abgeriebene Schale von je 1 unbehandelten Zitrone und Orange
getrockneter Oregano
1 EL Petersilie (frisch geschnitten)
Salz
30 g getrocknete Weißbrotbrösel

Für das Lammkarree:
2 Lammkarrees (küchenfertig; mit Knochen)
2 EL Öl
Salz · Pfeffer aus der Mühle

Für das Gemüse:
2 Fenchelknollen
300 g kleine Schalotten
3–4 kleine Karotten
1 Knoblauchzehe
1–2 EL Olivenöl
150 ml Gemüsebrühe
1 TL Fenchelsamen
1 TL Paellagewürz · Salz

1 Für die Gratiniermasse die Butter schaumig rühren. Die Pfefferkörner im Mörser grob zerstoßen. Den Knoblauch schälen und fein hacken. Zitrusschalen, Knoblauch, Pfefferkörner, 1 Prise Oregano und Petersilie unterrühren und mit Salz abschmecken. Von der Kräuterbutter 2 EL abnehmen und beiseitestellen. Die Weißbrotbrösel unter die restliche Butter rühren und die Gratiniermasse bei Zimmertemperatur aufbewahren.

2 Für das Lammkarree den Backofen auf 100 °C vorheizen. Auf die mittlere Schiene ein Ofengitter und darunter ein Abtropfblech schieben. Die Rippenknochen der Lammkarrees mit einem kleinen Messer sorgfältig vom Fleisch befreien. Die Karrees in einer Pfanne im Öl bei mittlerer Hitze hell anbraten, aus der Pfanne nehmen, auf das Ofengitter legen und im Ofen etwa 35 Minuten rosa garen. Mit Salz und Pfeffer würzen.

3 Für das Gemüse die Fenchelknollen putzen, waschen, in knapp 1/2 cm dicke Scheiben schneiden und nochmals halbieren. Die Schalotten schälen und halbieren. Die Karotten schälen, längs halbieren und schräg in 2 bis 3 cm große Stücke schneiden. Den Knoblauch schälen und in dünne Scheiben schneiden.

4 Fenchel, Schalotten, Karotten und Knoblauch in einem Topf im Olivenöl bei milder Hitze andünsten. Die Gemüsebrühe angießen und die Fenchelsamen hinzufügen. Das Gemüse zugedeckt knapp unter dem Siedepunkt 20 bis 30 Minuten weich ziehen lassen, dabei ab und zu umrühren. Kurz vor dem Servieren die beiseitegestellte Kräuterbutter unterrühren und das Gemüse mit Paellagewürz und Salz abschmecken.

5 Den Backofengrill einschalten. Das gegarte Fleisch mit der Gratiniermasse bestreichen, auf ein Backblech legen und auf der untersten Schiene im Ofen einige Minuten goldbraun überbacken. Die Lammkarrees in einzelne Koteletts schneiden und mit dem Fenchelgemüse auf vorgewärmten Tellern anrichten.

Lammhaxerl mit Porree

Zutaten für 4 Personen

1 große Zwiebel
1 Karotte
120 g Knollensellerie
1/2 Fenchelknolle
1/2 dünne Stange Lauch (Porree)
2 EL Öl
4 Lammhinterhaxen
(à 300–350 g; küchenfertig)
1 EL Puderzucker
1 EL Tomatenmark
100 ml roter Portwein
1/4 l kräftiger Rotwein
400 ml Hühnerbrühe
2 TL Speisestärke
1 Knoblauchzehe
(geschält und halbiert)
2 Scheiben Ingwer
1 Streifen unbehandelte
Zitronenschale
1–2 TL Lammgewürz zum Braten
Chilisalz

1 Die Zwiebel, die Karotte und den Knollensellerie schälen, die Fenchelknolle und den Lauch putzen und waschen. Alle Gemüsesorten in 1/2 bis 1 cm große Würfel schneiden. Den Backofen auf 140 °C vorheizen.

2 Das Öl in einem Bräter erhitzen und die Lammhaxen darin bei mittlerer Hitze rundum anbraten. Die Haxen herausnehmen und das Bratenfett abgießen. Den Puderzucker im Bräter hell karamellisieren, das Tomatenmark kurz darin anrösten und mit dem Portwein und einem Drittel des Rotweins ablöschen. Die Sauce sirupartig einköcheln lassen. Den restlichen Rotwein noch zweimal hinzufügen und jeweils einköcheln lassen.

3 Die Zwiebel-, Karotten-, Sellerie- und Fenchelwürfel in die Sauce geben und die Brühe angießen. Die Lammhaxen in den Topf geben und im Ofen auf der mittleren Schiene zugedeckt etwa 3 1/2 Stunden weich schmoren, dabei mehrmals wenden. 30 Minuten vor Ende der Garzeit die Lauchwürfel in die Sauce geben.

4 Die Lammhaxen herausnehmen und die Sauce durch ein Sieb gießen. Das Gemüse beiseitestellen. Die Sauce in einem Topf etwas einköcheln lassen. Die Speisestärke mit wenig kaltem Wasser glatt rühren, unter die Sauce rühren und 1 bis 2 Minuten sanft köcheln lassen. Den Topf vom Herd nehmen, den Knoblauch, den Ingwer und die Zitronenschale dazugeben, einige Minuten in der Sauce ziehen lassen und wieder entfernen. Mit Lammgewürz und Chilisalz würzen und das Gemüse und die Lammhaxen wieder in der Sauce erwärmen. Zum Servieren nach Belieben das Fleisch von den Knochen lösen und in Scheiben schneiden. Mit Gemüse und der Sauce anrichten.

Lammrücken mit Kräuterkruste auf Spargelgemüse

Zutaten für 4 Personen

Für den Lammrücken:
600 g Lammrückenfilet
1 EL Öl
8 Stiele Petersilie
4 Zweige Thymian
1 Knoblauchzehe
120 g weiche Butter
1/2 TL abgeriebene unbehandelte Zitronenschale
mildes Chilisalz
30 g getrocknete Weißbrotbrösel

Für das Kopfsalat-Pesto:
80 g grüne Kopfsalatblätter
1 Bund Petersilie · Salz
1 Knoblauchzehe (in Scheiben)
1 Msp. abgeriebene unbehandelte Zitronenschale
1 TL Zitronensaft
je 70 ml Oliven- und Rapsöl
mildes Chilisalz
frisch geriebene Muskatnuss
1 EL Walnusskerne

Für das Spargelgemüse:
je 300 g weißer und grüner Spargel
1 TL Puderzucker
70 ml Gemüsebrühe
1 EL Butter
1 Knoblauchzehe
2 Scheiben Ingwer
rot-grünes Chilisalz mit Vanille
frisch geriebene Muskatnuss

1 Für den Lammrücken den Backofen auf 100 °C vorheizen. Ein Ofengitter auf die mittlere Schiene und darunter ein Abtropfblech schieben. Das Lammfilet von Fett und Sehnen befreien und in einer Pfanne im Öl rundum anbraten. Das Filet auf das Gitter legen und im Ofen etwa 30 Minuten garen.

2 Für die Gratiniermasse die Petersilie und den Thymian waschen und trocken schütteln, die Blätter abzupfen und klein schneiden. Den Knoblauch schälen und in feine Würfel schneiden. Die Butter schaumig rühren, die Kräuter, den Knoblauch und die Zitronenschale untermischen. Mit Chilisalz würzen und die Weißbrotbrösel unterrühren.

3 Für das Kopfsalat-Pesto die Salatblätter waschen und trocken schleudern. Die Petersilie waschen, trocken schütteln und die Blätter abzupfen. Die Petersilienblätter in kochendem Salzwasser blanchieren, in ein Sieb abgießen, kalt abschrecken und mit den Händen gut ausdrücken. Den Knoblauch schälen und klein schneiden. Die Salatblätter mit Petersilie, Knoblauch, Zitronenschale und -saft sowie beiden Ölsorten mit dem Stabmixer fein pürieren. Mit Chilisalz und Muskatnuss würzen. Die Walnüsse grob zerkleinern und kurz untermixen, sodass sie noch leicht stückig sind.

4 Für das Spargelgemüse den weißen Spargel schälen, den grünen Spargel waschen und nur im unteren Drittel schälen. Jeweils die holzigen Enden entfernen und die Spargelstangen schräg in Scheiben schneiden, die Spitzen halbieren. Den Puderzucker in einer Pfanne hell karamellisieren und beide Spargelsorten darin andünsten. Die Brühe angießen und den Spargel bei milder Hitze 6 bis 8 Minuten bissfest garen. Bei Bedarf noch etwas Brühe angießen. Am Ende der Garzeit die Butter unterrühren. Den Knoblauch schälen und halbieren, mit dem Ingwer dazugeben, mit Chilisalz und Muskatnuss würzen. Kurz ziehen lassen, dann Knoblauch und Ingwer wieder entfernen.

5 Den Backofen auf Grillfunktion umschalten. Das Lammfilet aus dem Ofen nehmen und die Gratiniermasse darauf verteilen. Das Fleisch im Ofen auf der untersten Schiene einige Minuten goldbraun gratinieren. Das Lammfilet in Scheiben schneiden. Das Spargelgemüse auf vorgewärmte Teller verteilen und das Lammfilet darauf anrichten. Das Kopfsalat-Pesto darüberträufeln. Nach Belieben mit grob gehackten Walnüssen garniert servieren.

Geflügel & Wild

Hendlkeulen in Chili-Zitronen-Sauce

Zutaten für 4 Personen

1 Zwiebel
4 Hähnchenkeulen (küchenfertig)
100 ml Olivenöl
150 ml Weißwein
200 ml Hühnerbrühe
1 rote Chilischote
400 g kleine festkochende Kartoffeln
1 kleines Lorbeerblatt
abgeriebene Schale von 1 unbehandelten Zitrone
1 Knoblauchzehe (geschält und halbiert)
1 Scheibe Ingwer
1 Zweig Thymian
rot-grünes Chilisalz mit Vanille

1 Die Zwiebel schälen und in 1 cm dicke Scheiben schneiden. Die Hähnchenkeulen von der Haut befreien und am Gelenk halbieren.

2 In einem Topf 1 EL Olivenöl erhitzen, die Hähnchenkeulen darin bei mittlerer Hitze rundum anbraten und herausnehmen. Die Zwiebeln in den Topf geben und glasig andünsten. Den Weißwein hinzufügen und auf ein Drittel einköcheln lassen. Die Brühe angießen, die Hähnchenkeulen hineingeben und zugedeckt knapp unter dem Siedepunkt etwa 50 Minuten ziehen lassen.

3 Die Chilischote längs halbieren, entkernen, waschen und quer in Streifen schneiden. Die Kartoffeln schälen und in 1/2 cm dicke Scheiben schneiden. Nach 20 Minuten Garzeit die Kartoffelscheiben mit den Chilistreifen und dem Lorbeerblatt zu den Hähnchenkeulen geben.

4 Am Ende der Garzeit den Sud vorsichtig abgießen und auffangen. Den Sud mit dem restlichen Olivenöl und der Zitronenschale mit dem Stabmixer pürieren und wieder in den Topf geben. Den Knoblauch, den Ingwer und den Thymian in die Sauce geben, 15 Minuten ziehen lassen und mit dem Lorbeerblatt wieder entfernen. Die Sauce mit rot-grünem Chilisalz würzen.

5 Die Hendlkeulen mit der Chili-Zitronen-Sauce und den Kartoffeln auf vorgewärmten Tellern anrichten und nach Belieben mit Zitronenvierteln servieren.

Tipp

Wer möchte, kann das Gericht mit eingelegten, getrockneten Tomaten variieren. Man schneidet sie in Streifen und gibt sie am Ende der Garzeit in den Sud. Statt mit Thymian kann man dann mit Rosmarin würzen.

Gewürzbackhendl auf Karottengemüse mit Koriander

Zutaten für 4 Personen

Für das Backhendl:
4 Hähnchenbrustfilets (à 150 g; ohne Haut)
250 g Naturjoghurt
1 EL Brathähnchengewürz
mildes Chilisalz
80 g Semmelbrösel
50 g Cornflakes (zerrieben, siehe Tipp)
6 EL Öl

Für das Karottengemüse:
1 EL Korianderkörner
500 g Karotten
2 Schalotten
1 EL mildes Olivenöl
2 Scheiben Ingwer
150 ml Gemüsebrühe
Gemüsegewürz
1/2 Zimtrinde
Chiliflocken
1 EL kalte Butter
2 EL Pistazien
1 EL braune Butter (siehe Tipp S. 22)

1 Für das Backhendl die Hähnchenbrustfilets waschen und trocken tupfen. Den Joghurt mit dem Brathähnchengewürz und Chilisalz würzen. Das Fleisch darin einlegen. Mit Frischhaltefolie zugedeckt mehrere Stunden, am besten über Nacht, in der Marinade ziehen lassen.

2 Den Backofen auf 100 °C vorheizen. Das Fleisch aus der Marinade nehmen und den Joghurt etwas abstreifen. Die Semmelbrösel mit den Cornflakes in einem flachen Teller mischen. Die Hähnchenbrüste darin wenden. Das Öl in einer Pfanne erhitzen und die panierten Hähnchenbrustfilets darin bei mittlerer Hitze auf beiden Seiten knusprig anbraten. Auf ein Backblech legen und im Ofen auf der mittleren Schiene je nach Dicke 20 bis 30 Minuten garen.

3 Für das Karottengemüse den Koriander in einer Pfanne ohne Fett rösten, bis er zu duften beginnt. Abkühlen lassen und in eine Gewürzmühle füllen. Die Karotten putzen, schälen und schräg in 2 bis 3 mm dicke Scheiben schneiden oder hobeln. Die Schalotten schälen und in feine Würfel schneiden. Das Olivenöl in einem Topf erhitzen und die Schalotten darin bei mittlerer Hitze andünsten. Die Karottenscheiben und den Ingwer dazugeben und kurz mitdünsten. Die Brühe angießen und das Gemüse zugedeckt bei milder Hitze etwa 10 Minuten weich dünsten.

4 Das Karottengemüse mit dem Koriander aus der Mühle, 1 Prise Gemüsegewürz, frisch geriebenem Zimt, Chiliflocken und bei Bedarf mit etwas Salz würzen. Das Gemüse in ein feines Sieb abgießen und den Fond auffangen. Die Karotten zurück in den Topf geben und warm halten. Den Fond in einen hohen Rührbecher gießen und die Butter mit dem Stabmixer unterrühren. Mit den Pistazien und der braunen Butter verfeinern.

5 Das Karottengemüse auf vorgewärmte Teller verteilen, die Gewürzbackhendlfilets aufschneiden und darauflegen. Den Fond nochmals mit dem Stabmixer aufschäumen und darum herum verteilen.

Tipp

Durch das Marinieren in Gewürzjoghurt nimmt die Geflügelbrust Aroma an und wird gleichzeitig zarter. Die Cornflakes machen die Panade besonders knusprig. Sie lassen sich ganz einfach und rasch zu Bröseln zerreiben, indem man sie in einen Gefrierbeutel füllt und mit dem Nudelholz darüberrollt. Die Brösel können Sie – gut verschlossen – einige Zeit im Küchenschrank lagern.

Juwelenreis mit Hendlbrust und Safran

Zutaten für 4 Personen

80 g Naturjoghurt
1/2 TL Speisestärke
1 EL Limettensaft
abgeriebene Schale von 1/2 unbehandelten Limette
Pfeffer aus der Mühle
1 TL mildes Currypulver
milde Chiliflocken
2 Hähnchenbrustfilets (à 120 g; ohne Haut)
1/2 l Hühnerbrühe
1 Döschen Safranfäden (0,1 g)
1 Karotte
1/2 rote Paprikaschote
200 g Basmatireis
3 EL Korinthen
2 TL Paellagewürz
2 EL Mandelblättchen
1/2 Granatapfel
2 EL gehackte Pistazien
1 EL Öl · Salz
mildes Chilipulver
1 EL Butter

1 Den Joghurt mit der Speisestärke, Limettensaft und -schale, Pfeffer, Currypulver und 1 Prise Chiliflocken verrühren. Die Hähnchenbrustfilets waschen, trocken tupfen und in Würfel schneiden. Mit dem Joghurt mischen und 30 Minuten ziehen lassen.

2 In einem kleinen Topf 5 EL Brühe erhitzen und vom Herd nehmen. Den Safran hineingeben und ziehen lassen. Die Karotte putzen, schälen und in 1/2 cm große Würfel schneiden. Die Paprikaschote entkernen, waschen und ebenfalls in 1/2 cm große Würfel schneiden.

3 Den Reis mit der restlichen Brühe, Korinthen, Karotte und Paprika in einen Topf geben. Paellagewürz unterrühren und alles erhitzen. Den Reis zugedeckt knapp unter dem Siedepunkt etwa 10 Minuten ziehen lassen. Vom Herd nehmen und zugedeckt weitere 5 bis 8 Minuten quellen lassen.

4 Die Mandelblättchen in einer Pfanne ohne Fett goldbraun rösten. Die Granatapfelkerne aus den Trennhäuten herauslösen. Mandeln, Granatapfelkerne und Pistazien mit der Safranbrühe unter den Reis rühren.

5 Das Öl in einer Pfanne erhitzen und die marinierten Hähnchenbrustwürfel darin rundum 2 bis 3 Minuten anbraten. Mit Salz würzen, unter den Reis mischen und 2 Minuten ziehen lassen.

6 Den Juwelenreis mit Salz und 1 Prise Chilipulver würzen. Die Butter unterrühren und den Reis in vorgewärmten tiefen Tellern oder Schälchen anrichten.

Tipp

Granatapfelkerne sorgen für leichte Säure und fruchtige Frische. Sie passen zu vielen orientalischen Gerichten, zu Lamm und Reis ebenso wie zu Desserts. Obwohl sie auch getrocknet angeboten werden, sollte man möglichst die frischen Kerne verwenden.

Huhn aus dem Pfeffertopf

Zutaten für 4 Personen

Für das Huhn:
1 Zwiebel
4 Hähnchenkeulen (küchenfertig) · Salz
1 EL schwarze Pfefferkörner
3 cl ital. Weinbrand (z. B. Vecchia Romagna)
100 ml Olivenöl
200 ml Weißwein
200 ml Hühnerbrühe
1 Zweig Rosmarin
2 cm Zimtrinde
1 kleines Lorbeerblatt
2 Scheiben Knoblauch
1 Streifen unbehandelte Zitronenschale
3 Pimentkörner

Für das Gemüse:
500 g kleine festkochende Kartoffeln · 5 EL Olivenöl
2–3 Knoblauchzehen
einige Thymianblättchen
grobes Meersalz
1 rote Chilischote
400 g kleine Fenchelknollen
Salz
1 EL Butter
1 Streifen unbehandelte Orangenschale
Gemüsegewürz
Fenchelsamen aus der Mühle

1 Für das Huhn die Zwiebel schälen und in 1 cm große Würfel schneiden. Die Haut von den Hähnchenkeulen ablösen und die Keulen salzen.

2 Die Pfefferkörner im Mörser grob zerstoßen, in einem feinen Sieb den Staub absieben und den Pfefferschrot in einer Pfanne bei milder Hitze anrösten. Den Weinbrand hinzufügen und flambieren. 1 EL Olivenöl dazugeben und die Hähnchenkeulen darin von beiden Seiten anbraten. Die Zwiebelwürfel hinzufügen und den Wein und die Brühe angießen. Rosmarin, Zimt, Lorbeerblatt, Knoblauch, Zitronenschale und Piment in die Pfanne geben und die Keulen zugedeckt knapp unter dem Siedepunkt 20 Minuten garen.

3 Die Keulen aus der Pfanne nehmen. Den Sud noch etwas einkochen lassen und durch ein Sieb gießen. Das restliche Olivenöl mit dem Stabmixer unterrühren. Die Sauce mit Salz würzen, die Keulen wieder dazugeben und warm halten.

4 Für das Gemüse den Backofen auf 180 °C vorheizen. Die Kartoffeln schälen, waschen, halbieren, mit dem Olivenöl mischen und auf einem Backblech verteilen. Den ungeschälten Knoblauch andrücken und mit dem Thymian zu den Kartoffeln geben. Die Kartoffeln mit Meersalz bestreuen und im vorgeheizten Ofen etwa 30 Minuten garen. Die Chilischote längs halbieren, entkernen, waschen und quer in Streifen schneiden. Die Chilistreifen 5 Minuten vor Ende der Garzeit über die Kartoffeln streuen.

5 Die Fenchelknollen putzen, waschen und längs halbieren. In Salzwasser blanchieren, kalt abschrecken und auf einem Sieb abtropfen lassen. Die Butter in einer Pfanne bei milder Hitze schmelzen lassen und den Fenchel mit der Orangenschale darin erhitzen. Mit Salz und 1 Prise Gemüsegewürz abschmecken. Die Ofenkartoffeln hinzufügen und das Gemüse mit frisch gemahlenen Fenchelsamen würzen. Die Orangenschale entfernen.

6 Die Hähnchenkeulen mit dem Kartoffel-Fenchel-Gemüse und der Sauce auf vorgewärmten Tellern anrichten.

Hendl-Garnelen-Curry mit Brokkoli

Zutaten für 4 Personen

200 g Brokkoli
1 Karotte
Salz
2 Hähnchenbrustfilets (à 120 g)
250 g Riesengarnelen
4 Knoblauchzehen
300 ml Hühnerbrühe
300 g Sahne
300 ml Kokosmilch
2 TL geriebener Ingwer
1 EL Speisestärke
1 EL mildes Currypulver
mildes Chilisalz

1 Den Brokkoli putzen, waschen und in die einzelnen Röschen teilen. Die Karotte putzen, schälen und in Scheiben schneiden. Beides nacheinander in kochendem Salzwasser gerade weich garen, kalt abschrecken und abtropfen lassen. Beiseitestellen.

2 Die Hähnchenbrustfilets waschen, trocken tupfen und in 2 cm große Würfel schneiden. Die Garnelen bis auf den Schwanzfächer schälen, am Rücken entlang einschneiden und den dunklen Darm entfernen. Die Garnelen waschen, trocken tupfen und längs halbieren.

3 In einem Topf Salzwasser aufkochen lassen und vom Herd nehmen. Die Hähnchenbrustwürfel hineingeben und 1 Minute darin ziehen lassen. Die Garnelen dazugeben und 1 weitere Minute ziehen lassen. Hähnchen und Garnelen in ein Sieb abgießen und beiseitestellen.

4 Den Knoblauch schälen und fein reiben. Die Brühe, die Sahne und die Kokosmilch in einem Topf mit dem Knoblauch und dem Ingwer erhitzen. Die Speisestärke mit wenig kaltem Wasser glatt rühren und nach und nach in die köchelnde Sauce rühren, bis diese leicht sämig bindet. Mit Currypulver und Chilisalz würzen.

5 Das Gemüse, das Hähnchenfleisch und die Garnelen in die Currysauce legen und darin noch einmal kurz erhitzen. Gegebenenfalls etwas nachwürzen. Das Hendl-Garnelen-Curry mit Basmatireis servieren.

Tipp

Raffiniert-fruchtig schmeckt das Curry, wenn Sie jeweils 1 bis 2 EL Bananen- und Mangostücke zu Brühe, Sahne und Kokosmilch geben und pürieren, bevor Sie die Sauce mit Speisestärke binden. Für eine vegetarische Variante verwenden Sie Gemüsebrühe statt Hühnerbrühe und ersetzen Sie Huhn und Fisch z. B. durch Kartoffeln, Blumenkohl, Kürbis und Paprika.

Gegrillter Schlegel von der Bauernente mit Wirsing und Rieslingsauce

Zutaten für 4 Personen

Für die Entenkeulen:
4 Entenkeulen
(à 350 – 400 g; mit Haut)
ca. 2 l Hühnerbrühe
1 Karotte
200 g Knollensellerie
1/2 Zwiebel
1 Lorbeerblatt
1/2 – 1 TL Wacholderbeeren
5 Pimentkörner
1/2 TL schwarze Pfefferkörner
mildes Chilisalz

Für die Rieslingsauce:
1 EL Puderzucker
100 ml fränkischer Riesling
100 g Sahne
2 TL Speisestärke
1 EL kalte Butter
Chilisalz

Für den Wirsing:
1/2 Kopf Wirsing
Salz
1 EL Butter
50 ml Gemüsebrühe
Pfeffer aus der Mühle
Gemüsegewürz

1 Für die Entenkeulen die Keulen waschen und trocken tupfen. Die Oberschenkelknochen mit einem scharfen Messer auslösen, das Fleisch über den Unterschenkelknochen etwas einschneiden. Die Brühe in einem Topf aufkochen und die Entenkeulen hineingeben, sie sollten vollständig mit Brühe bedeckt sein. Gegebenenfalls noch etwas Brühe nachgießen. Die Entenkeulen knapp unter dem Siedepunkt etwa 2 1/2 Stunden weich garen.

2 Die Karotte und den Sellerie putzen, schälen und halbieren. Die Zwiebel schälen und halbieren. Das Gemüse mit dem Lorbeerblatt, den Wacholderbeeren sowie den Piment- und Pfefferkörnern nach etwa 1 1/2 Stunden Garzeit in die Brühe zu den Keulen geben. Am Ende der Garzeit das Fett abschöpfen (das Entenfett anderweitig verwenden). 1/4 l Sud abnehmen und beiseitestellen.

3 Den Backofengrill einschalten. Die Entenkeulen aus der Brühe nehmen und mit der Hautseite nach oben auf ein tiefes Backblech legen. 1 Schöpflöffel Brühe angießen und die Entenkeulen im Ofen auf der untersten Schiene 15 bis 20 Minuten kross grillen. Mit Chilisalz würzen.

4 Für die Rieslingsauce den Puderzucker in einem Topf bei mittlerer Hitze hell karamellisieren. Mit dem Wein ablöschen und auf ein Drittel einköcheln lassen. Den beiseitegestellen Entensud und die Sahne dazugeben und einmal aufkochen lassen. Die Speisestärke mit wenig kaltem Wasser glatt rühren und nach und nach in die köchelnde Sauce rühren, bis sie leicht sämig ist. Zuletzt die kalte Butter untermixen und die Sauce mit Chilisalz abschmecken.

5 Für den Wirsing den Wirsing putzen, in die einzelnen Blätter teilen und die Blattrippen entfernen. Die Wirsingblätter in etwa 5 cm lange und 1 cm breite Streifen schneiden und in kochendem Salzwasser fast weich garen. Abgießen, kalt abschrecken, abtropfen lassen und mit den Händen gut ausdrücken. Den Wirsing in einer tiefen Pfanne mit der Butter und der Brühe erhitzen, mit Salz, Pfeffer und 1 Prise Gemüsegewürz abschmecken. Zuletzt mit 6 EL Rieslingsauce mischen.

6 Den Wirsing auf vorgewärmte Teller verteilen und die Entenkeulen darauf anrichten. Die Rieslingsauce mit dem Stabmixer aufschäumen und darüberträufeln. Nach Belieben mit Klößen servieren.

Barbarie-Entenbrust mit Gelbe-Rüben-Koriander-Gemüse

Zutaten für 4 Personen

Für die Entenbrust:
2 große Barbarie-Entenbrustfilets (à 400 g)
1 TL Öl
4 EL braune Butter (siehe Tipp S. 22)
1/2–1 TL Ente- und Gansgewürz
1/2 TL abgeriebene unbehandelte Orangenschale

Für das Gemüse:
je 250 g gelbe und orangefarbene Karotten (Rüben)
2 Schalotten
2–3 EL mildes Olivenöl
150 ml Gemüsebrühe
mildes Currypulver
mildes Chilisalz
1/2 TL geriebener Ingwer
Salz · Pfeffer aus der Mühle
gerösteter Koriander aus der Mühle
1 EL Petersilie (frisch geschnitten)
20 g kalte Butter

1 Für die Entenbrust den Backofen auf 100 °C vorheizen. Ein Ofengitter auf die mittlere Schiene und darunter ein Abtropfblech schieben. Die Entenbrustfilets waschen und trocken tupfen, eventuelle Federkiele mit einer Pinzette herauszupfen. Die Hautseite der Entenbrüste bis an die Ränder rautenförmig einritzen.

2 Das Öl in einer Pfanne erhitzen und die Entenbrüste darin auf der Hautseite bei mittlerer Hitze etwa 5 Minuten anbraten. Die Entenbrustfilets wenden und auf der Fleischseite ebenfalls kurz anbraten. Das Fleisch aus der Pfanne nehmen und auf dem Gitter im Ofen etwa 50 Minuten garen.

3 Für das Gemüse die Karotten putzen, schälen und schräg in 2 bis 3 mm dicke Scheiben hobeln. Die Schalotten schälen und in feine Würfel schneiden. Das Olivenöl in einem Topf erhitzen und die Schalottenwürfel darin glasig dünsten. Die Karottenscheiben hinzufügen, kurz mitdünsten und die Brühe dazugießen. Die gelben Rüben zugedeckt bei milder Hitze etwa 10 Minuten garen.

4 Das Gelbe-Rüben-Gemüse mit je 1 Prise Currypulver und Chilisalz, dem geriebenen Ingwer, Salz und Pfeffer würzen. Den Koriander grob darübermahlen und die Petersilie und die Butter unterrühren. Gegebenenfalls nochmals etwas nachwürzen.

5 Die braune Butter in einer Pfanne bei milder Hitze erwärmen und mit dem Ente- und Gansgewürz sowie der Orangenschale würzen.

6 Das Gelbe-Rüben-Koriander-Gemüse mit dem Sud auf vorgewärmte tiefe Teller verteilen. Die Entenbrüste schräg in Scheiben schneiden, auf den Karotten anrichten und mit der Butter beträufeln.

Tipp

Statt mit Ente- und Gansgewürz kann man auch mit rot-grünem Chilisalz mit Vanille würzen.

Gebratene Ente mit Sauce

Zutaten für ca. 6 Personen

Für die Ente:
1/2 Zwiebel
1/2 Apfel
Salz · Pfeffer aus der Mühle
1 TL Ente- und Gansgewürz
1 Bauernente (ca. 2,5 kg)
1,2 l Hühnerbrühe

Für die Sauce:
2 Zwiebeln
1 kleine Karotte
100 g Knollensellerie
1 EL Öl
2 TL Puderzucker
1 EL Tomatenmark
1/4 l kräftiger Rotwein
1 TL Speisestärke
1 TL Ente- und Gansgewürz
Ingwer-Knoblauch-Salz
2 Streifen unbehandelte Orangenschale
20 g kalte Butter
Salz

1 Den Backofen auf 140 °C vorheizen. Die Zwiebel schälen und in große Würfel schneiden. Den Apfel waschen, halbieren, entkernen und ebenfalls in Würfel schneiden. Zwiebel- und Apfelstücke mit Salz, Pfeffer und dem Ente- und Gansgewürz vermischen. Von der Ente die Flügelknochen abschneiden, die Innereien entfernen. Die Ente waschen und trocken tupfen.

2 Die Bauchhöhle der Ente mit der Zwiebel-Apfel-Mischung füllen und verschließen. Die Ente mit der Bauchseite nach oben in einen Bräter legen und die Flügelknochen dazugeben. Die Brühe angießen und die Ente zugedeckt im Ofen auf der untersten Schiene etwa 3 1/2 Stunden garen, bis die Haut hell und das Fleisch weich ist. Das dabei austretende Fett zwischendurch abschöpfen und beiseitestellen. Die Ente aus dem Bräter nehmen, die Brühe entfetten und für die Sauce beiseitestellen.

3 Die Backofentemperatur auf 220 °C erhöhen. Von der Ente die Brüste und Keulen auslösen und aus den Keulen die Oberschenkelknochen entfernen. Die Füllung aus der Bauchhöhle entfernen. Entenkarkassen und Flügelknochen mit einer Geflügelschere oder einem Hackbeil zerkleinern, auf ein Backblech legen und im Ofen auf der mittleren Schiene etwa 20 Minuten knusprig braun braten. Ausgetretenes Fett entfernen.

4 Für die Sauce die Zwiebeln, die Karotte und den Knollensellerie schälen und in etwa 1 cm große Würfel schneiden. Das Öl in einer Pfanne erhitzen und das Gemüse darin andünsten. Den Puderzucker in einem Topf bei milder Hitze hell karamellisieren. Das Tomatenmark unterrühren und leicht anbräunen. Die Hälfte des Rotweins dazugießen und sirupartig einköcheln lassen. Den restlichen Rotwein hinzufügen und ebenfalls einköcheln lassen. Die gebräunten Knochen, das angedünstete Gemüse sowie die beiseitegestellte Brühe bis auf 5 EL unterrühren und alles knapp unter dem Siedepunkt 1 Stunde ziehen lassen.

5 Die Sauce durch ein feines Sieb in einen Topf gießen und auf die Hälfte einköcheln lassen. Die Speisestärke mit wenig kaltem Wasser glatt rühren, unter Rühren in die Sauce geben und 2 Minuten leicht köcheln lassen. Ente- und Gansgewürz, 1 Prise Ingwer-Knoblauch-Salz und Orangenschale hinzufügen und kurz ziehen lassen. Etwas Bratenfett von der Ente und die Butter unter die Sauce rühren und mit Salz würzen.

6 Den Backofengrill einschalten. Die Entenbrüste und -keulen mit der Hautseite nach oben auf ein Backblech legen und die restlichen 5 EL Brühe dazugeben. Das Entenfleisch im Ofen auf der unteren Schiene 10 bis 15 Minuten kross braten. Die Entenbrüste und -keulen mit der Sauce auf vorgewärmten Tellern anrichten.

Gänsekeulen mit Dörrzwetschken

Zutaten für 4 Personen

2 Zwiebeln
1 Karotte
120 g Knollensellerie
1/4 Apfel
1 EL Puderzucker
1 EL Tomatenmark
1/4 l Rotwein
1/2 l Hühnerbrühe
1 EL Öl
4 Gänsekeulen (à 450–500 g)
2 EL zerlassene Butter · Salz
4 Scheiben Ingwer
2 cl Rum
12 Dörrpflaumen (Dörrzwetschken)
1 halbierte Knoblauchzehe
1 TL Ente- und Gansgewürz
je 1 Streifen unbehandelte Zitronen- und Orangenschale
Chilisalz

1 Die Zwiebeln schälen, die Karotte und den Sellerie putzen und schälen. Alles in etwa 1 cm große Würfel schneiden. Das Apfelviertel entkernen und in Würfel schneiden.

2 Den Puderzucker in einem Topf hell karamellisieren, das Tomatenmark unterrühren und kurz anrösten. Mit der Hälfte des Weins ablöschen und sämig einkochen lassen. Den restlichen Wein hinzufügen und einköcheln lassen, dann die Brühe angießen. Den Backofen auf 150 °C vorheizen. In einer Pfanne das Öl erhitzen und das Gemüse darin andünsten. Das Gemüse auf einem tiefen Backblech verteilen und den Saucenansatz darübergießen.

3 Die Gänsekeulen mit der zerlassenen Butter bestreichen, salzen und mit der Hautseite nach oben auf das Gemüse setzen. Im Ofen auf der mittleren Schiene etwa 2 1/2 Stunden weich schmoren.

4 Inzwischen in einem Topf 100 ml Wasser aufkochen, die Ingwerscheiben dazugeben und knapp am Siedepunkt 10 Minuten ziehen lassen. Den Topf vom Herd nehmen, den Rum hinzufügen und die Dörrzwetschken in den Sud legen.

5 Am Ende der Garzeit die Keulen herausnehmen und nach Belieben das Gänsefett auf der Sauce abschöpfen. Die Sauce durch ein Sieb gießen, dabei das Gemüse durchstreichen. Die Dörrzwetschken mit der Einlegeflüssigkeit unter die Sauce rühren, den Ingwer entfernen. Den Knoblauch, das Ente- und Gansgewürz und die Zitrusschalen hinzufügen und einige Minuten in der Sauce ziehen lassen. Die ganzen Gewürze wieder entfernen und die Sauce mit Chilisalz abschmecken.

6 Die Gänsekeulen mit der Sauce anrichten und nach Belieben Kartoffel-, Semmel- oder Brezenknödel dazu reichen.

Tipp

Füllen Sie die Sauce zum Entfetten am besten in einen schmalen, hohen Behälter. Nach kurzer Zeit setzt sich das Fett an der Oberfläche ab, sodass man es mit dem Schöpflöffel abnehmen kann.

Gebratene Gans mit Füllung

Zutaten für 8 Personen

Für die Gans:
1 Gans (ca. 4,5 kg; küchenfertig)
250 g Brezenstangen (Laugenstangen; vom Vortag; ohne Salz)
1/4 l Milch · 2 Eier
Salz · Pfeffer aus der Mühle
frisch geriebene Muskatnuss
1/2 Zwiebel
100 g Butter
250 g Bratwurstbrät
5 EL kalte Sahne
1 EL Petersilienblätter (frisch geschnitten)
1–2 TL abgeriebene unbehandelte Zitronenschale

Für die Sauce:
2 Zwiebeln
1 kleine Karotte
100 g Knollensellerie
1 EL Öl
2 TL Puderzucker
1 EL Tomatenmark
1/4 l kräftiger Rotwein
1,2 l Hühnerbrühe
1–2 TL Speisestärke
1 TL Ente- und Gansgewürz
Ingwer-Knoblauch-Salz
1 Streifen unbehandelte Orangenschale
20 g kalte Butter · Salz

1 Den Backofen auf 220 °C vorheizen. Von der Gans Flügel und Hals abschneiden. Die Gans innen und außen waschen und trocken tupfen. Flügel und Hals in etwa 3 cm große Stücke hacken und auf einem Backblech im Ofen auf der mittleren Schiene etwa 30 Minuten goldbraun braten. Herausnehmen, ausgetretenes Fett entfernen und beiseitestellen. Die Ofentemperatur auf 150 °C herunterschalten. Ein Abtropfblech auf die unterste Schiene schieben und darauf ein Ofengitter setzen.

2 Für die Füllung die Brezenstangen in 1 cm große Würfel schneiden. Die Milch aufkochen lassen und vom Herd nehmen, die Eier verquirlen und mit der Milch verrühren. Die Eiermilch mit Salz, Pfeffer und Muskatnuss würzen und mit den Brezenwürfeln mischen. Die Zwiebel schälen und in feine Würfel schneiden. In einer Pfanne 1 EL Butter erhitzen, die Zwiebel darin bei milder Hitze andünsten und unter die Brezenmasse mischen. Das Brät mit der Sahne glatt rühren und mit der Petersilie unter die Füllung mischen. Mit Zitronenschale, Salz, Pfeffer und Muskatnuss würzen.

3 Die Bauchhöhle der Gans mit Salz würzen, mit der Brätmasse füllen und mit einem Holzspieß verschließen. Die Gans im Ofen auf dem Gitter 5 bis 5 1/2 Stunden kross braten. Die restliche Butter zerlassen, mit Salz würzen und die Gans zwischendurch damit bestreichen.

4 Für die Sauce die Zwiebeln, die Karotte und den Sellerie putzen, schälen und in 1 cm große Würfel schneiden. Das Öl in einer Pfanne erhitzen und das Gemüse darin andünsten. Den Puderzucker in einem Topf bei mittlerer Hitze hell karamellisieren, das Tomatenmark unterrühren und kurz anrösten. Mit der Hälfte des Weins ablöschen und sämig einköcheln lassen. Den restlichen Wein hinzufügen und erneut einköcheln lassen. Gemüse, Flügel- und Halsstücke dazugeben, die Brühe angießen und alles knapp unter dem Siedepunkt etwa 1 Stunde ziehen lassen.

5 Die Sauce durch ein feines Sieb in einen Topf gießen und auf die Hälfte einköcheln lassen. Die Speisestärke mit wenig kaltem Wasser glatt rühren und in die köchelnde Sauce geben, bis diese sämig bindet. Etwa 2 Minuten köcheln lassen. Ente- und Gansgewürz, 1 Prise Ingwer-Knoblauch-Salz und Orangenschale dazugeben, einige Minuten darin ziehen lassen und Schale wieder entfernen. Etwas Bratenfett vom Abtropfblech und die Butter unter die Sauce rühren und diese mit Salz abschmecken.

6 Die Gänsekeulen und -brüste auslösen, die Karkasse mit einer Küchenschere aufschneiden, die Füllung herausnehmen und in Scheiben schneiden. Die Gänsekeulen und -brüste sowie die Füllung mit der Sauce auf vorgewärmten Tellern anrichten.

Wildschweinbraten mit Erdäpfelpüree

Zutaten für 4 Personen

Für den Wildschweinbraten:
3 Zwiebeln · 1 Karotte
150 g Knollensellerie
3 EL Öl · 2 TL Puderzucker
1 EL Tomatenmark
80 ml roter Portwein
1/4 l kräftiger Rotwein
3/4 l Hühnerbrühe
1 1/2 kg Wildschweinschulter
2 EL getrocknete Champignons
3 Scheiben Ingwer
1 Knoblauchzehe (in Scheiben)
1/2–1 TL Wildgewürz
1/2 TL dunkle Schokoladenraspel
Chilisalz

Für das Erdäpfelpüree:
1 kg mehligkochende Kartoffeln (Erdäpfel)
Salz
1/4 l Milch
2 EL braune Butter (siehe Tipp S. 22)
frisch geriebene Muskatnuss
1 Birne (z. B. Williams Christ)
1–2 TL Puderzucker
4 Scheiben Frühstücksspeck
1 EL Öl

1 Den Backofen auf 150 °C vorheizen. Die Zwiebeln schälen, die Karotte und den Sellerie putzen und schälen. Alles in 1 1/2 cm große Stücke schneiden. In einem Bräter 1 EL Öl erhitzen und das Gemüse darin 2 bis 3 Minuten andünsten. Den Puderzucker darüberstäuben und karamellisieren, das Tomatenmark unterrühren und kurz anrösten. Den Portwein und ein Drittel des Rotweins hinzufügen und sämig einköcheln lassen. Den restlichen Rotwein in 2 Portionen dazugeben, jeweils einköcheln lassen und mit der Brühe auffüllen.

2 Das restliche Öl in einer Pfanne erhitzen und die Wildschweinschulter darin rundum anbraten. Das Fleisch in die Sauce legen und den Wildschweinbraten zugedeckt im Ofen auf der mittleren Schiene etwa 2 1/2 Stunden weich schmoren.

3 Champignons, Ingwer und Knoblauch 30 Minuten vor Ende der Garzeit in die Sauce geben und mitziehen lassen. Am Ende der Garzeit das Wildgewürz und die Schokolade unter die Sauce rühren und einige Minuten ziehen lassen. Das Fleisch aus dem Bräter nehmen und warm halten. Die Sauce durch ein Sieb passieren, dabei das Gemüse etwas ausdrücken, und gegebenenfalls leicht mit Chilisalz würzen.

4 Für das Erdäpfelpüree die Kartoffeln waschen und in kochendem Salzwasser weich garen. Abgießen, kurz ausdampfen lassen, noch heiß pellen und durch die Kartoffelpresse drücken. Die Milch erhitzen und mit einem Kochlöffel unterrühren. Die braune Butter hinzufügen und das Erdäpfelpüree mit Salz und Muskatnuss würzen. Die Birne schälen, vierteln, entkernen und in 2 bis 3 mm große Würfel schneiden. Den Puderzucker in einer Pfanne bei milder Hitze hell karamellisieren. Die Birnenwürfel darin kurz andünsten und unter das Erdäpfelpüree rühren.

5 Die Speckscheiben in etwa 3 cm breite Streifen schneiden, in einer Pfanne im Öl kross braten und auf Küchenpapier abtropfen lassen. Den Wildschweinbraten in Scheiben schneiden. Das Fleisch mit der Sauce und dem Erdäpfelpüree auf vorgewärmten Tellern anrichten und mit den Speckstreifen bestreuen. Nach Belieben mit blanchierten, in Butter geschwenkten Rosenkohlblättern (siehe Tipp S. 124) servieren und mit Rosmarin garnieren.

Rehschnitzel in Morchelsauce mit Nudeln und Porreegemüse

Zutaten für 4 Personen

Für die Morchelsauce:
20 kleine getrocknete Morcheln
450 ml Hühnerbrühe
2 Schalotten
1 TL braune Butter (siehe Tipp S. 22)
1 EL Speisestärke · 80 g Sahne
1 Knoblauchzehe (in Scheiben)
1 Lorbeerblatt · 1 Spritzer Sherry
mildes Chilisalz

Für das Rehschnitzel:
2–3 EL braune Butter
2 Scheiben Ingwer
1 Knoblauchzehe (in Scheiben)
1/2–1 TL Wildgewürz
mildes Chilisalz
600 g Rehfleisch (aus der Keule/ Oberschale; küchenfertig)

Für das Porreegemüse:
2 dicke Stangen Lauch (Porree; ca. 500 g)
Salz
1 EL Butter
1 TL braune Butter
1/2 TL Gemüsegewürz
Pfeffer aus der Mühle

Für die Nudeln:
200 g Bandnudeln · Salz
1 getrocknete rote Chilischote
1 Scheibe Ingwer
150 ml Gemüsebrühe
1 EL braune Butter

1 Für die Sauce die Morcheln in einer Schüssel mit der Brühe bedeckt etwa 1 Stunde einweichen. Die Morcheln in ein Sieb abgießen und abtropfen lassen, dabei die Einweichflüssigkeit auffangen und durch einen feinen Papierfilter gießen.

2 Die Schalotten schälen und in feine Würfel schneiden. Die braune Butter in einem Topf erhitzen, die Schalotten darin bei mittlerer Hitze andünsten und mit der Morchelbrühe ablöschen. Die Speisestärke in wenig kaltem Wasser glatt rühren und in die köchelnde Sauce geben, bis diese sämig bindet, 2 bis 3 Minuten weiterköcheln lassen.

3 Die Sahne hinzufügen, den Knoblauch und das Lorbeerblatt hinzufügen und einige Minuten darin ziehen lassen, dann wieder entfernen. Die Sauce mit Sherry und Chilisalz würzen, die Morcheln hinzufügen und die Sauce warm halten.

4 Für die Rehschnitzel 2 EL braune Butter zerlassen, Ingwer und Knoblauch dazugeben und einige Minuten darin ziehen lassen. Mit Wildgewürz und Chilisalz würzen. Das Rehfleisch in dünne Scheiben schneiden. 1/2 TL braune Butter in einer Grillpfanne erhitzen und die Rehschnitzel darin bei mittlerer Hitze auf beiden Seiten kurz anbraten, herausnehmen und in der Gewürzbutter warm halten.

5 Für das Gemüse den Porree putzen, waschen und schräg in 1 bis 1 1/2 cm dicke Scheiben schneiden. 125 ml Wasser in einen Topf füllen, leicht salzen und aufkochen. Den Porree dazugeben und 8 bis 10 Minuten bissfest garen, dabei den Deckel so auflegen, dass ein Spalt offen bleibt. Die Butter darin zerlassen, die braune Butter hinzufügen und alles mit Salz, Gemüsegewürz und Pfeffer würzen. Warm halten.

6 Die Bandnudeln in reichlich kochendem Salzwasser mit Chili und Ingwer gerade bissfest kochen, dabei gelegentlich umrühren. In ein Sieb abgießen, gut abtropfen lassen, nicht mit Wasser abspülen. Die Brühe in einer Pfanne erhitzen, die Nudeln hinzufügen und darin köcheln lassen, bis die Flüssigkeit von den Nudeln aufgesogen ist. Die braune Butter über die Nudeln träufeln.

7 Die Morchelsauce auf vorgewärmte Teller verteilen und die Rehschnitzel darauflegen. Die Bandnudeln und das Porreegemüse dazugeben.

Rehschulter mit gebratener Birne

Zutaten für 4 Personen

Für die Rehschulter:
3 Zwiebeln · 1 kleine Karotte
120 g Knollensellerie
1 Rehschulter (ca. 1,4 kg; ohne Knochen) · 1–2 TL Öl
1–2 TL Puderzucker
1 EL Tomatenmark
300 ml Hühnerbrühe
300 ml kräftiger Rotwein
1 TL Speisestärke
1/2–1 TL Wildgewürz
1 Zweig Thymian
je 1 Streifen unbehandelte Zitronen- und Orangenschale
40 g kalte Butter
Salz · Pfeffer aus der Mühle

Für die Birne:
2 kleine reife, feste Birnen (in Vierteln)
30 g kalte Butter
rot-grünes Chilisalz mit Vanille
2 EL Birnengeist
Saft von 1 Orange

1 Für die Rehschulter Zwiebeln, Karotte und Sellerie putzen, schälen und in 1 cm große Würfel schneiden. Die Rehschulter waschen und trocken tupfen, Fett und Sehnen entfernen. Das Fleisch mit Küchengarn zusammenbinden.

2 Das Öl in einem Schmortopf erhitzen, das Fleisch darin bei mittlerer Hitze rundum anbraten und wieder herausnehmen. Den Puderzucker in den Topf stäuben und hell karamellisieren. Das Gemüse dazugeben und einige Minuten dünsten. Das Tomatenmark unterrühren und kurz anrösten. Die Brühe angießen. Den Wein separat auf ein Drittel einkochen lassen, zum Saucenansatz geben und den Rehbraten darauflegen. Den Deckel so auflegen, dass ein Spalt offen bleibt. Das Fleisch knapp unter dem Siedepunkt etwa 2 1/2 Stunden gar ziehen lassen, zwischendurch mehrmals wenden.

3 Den Braten aus der Sauce nehmen und warm halten. Die Sauce durch ein Sieb in einen Topf gießen und das Gemüse dabei gut ausdrücken. Die Sauce etwas einkochen lassen, mit der Stärke binden und 2 Minuten köcheln lassen. Wildgewürz, Thymian und Zitrusschalen in die Sauce geben und einige Minuten ziehen lassen. Die Sauce durch ein Sieb streichen, die Butter unterrühren und mit Salz und Pfeffer würzen.

4 Für die Birne die Birnenviertel in der Hälfte der Butter kurz anbraten. Mit rot-grünem Chilisalz würzen. Birnengeist und Orangensaft dazugießen und etwas einköcheln lassen. Die restliche Butter auf den Birnenvierteln zerlassen. Das Fleisch in Scheiben schneiden, in der Sauce erwärmen und mit der Birne auf Tellern anrichten.

Tipp

Zur Rehschulter passen Spätzle und in Butter geschwenkte Rosenkohlblätter. Für den Rosenkohl etwa 400 g Rosenkohl in einzelne Blätter teilen und den Strunk entfernen. Die Blätter in kochendem Salzwasser 1 bis 2 Minuten bissfest blanchieren. Abtropfen lassen und 2 EL Butter in einer Pfanne erhitzen, den Rosenkohl darin schwenken und mit rot-grünem Chilisalz mit Vanille würzen.

Adventsgulasch mit Apfel-Erdäpfeln

Zutaten für 4 Personen

Für das Gulasch:
1 kg Rehfleisch (aus der Schulter)
2 Zwiebeln · 1 Karotte
150 g Knollensellerie · 2 EL Öl
1 EL Tomatenmark
40 ml Cognac
300 ml kräftiger Rotwein
3/4 l Hühnerbrühe
1–2 TL Speisestärke
2 Knoblauchzehen (in Scheiben)
2 Scheiben Ingwer
je 1 Streifen Zitronen- und Orangenschale
1 EL Johannisbeergelee
1/2–1 TL Wildgewürz
1/2 TL geraspelte Zartbitterschokolade

Für die Apfel-Erdäpfel:
600 g Kartoffeln (Erdäpfel)
Salz
2 kleine Äpfel
1 EL braune Butter (siehe Tipp S. 22)
1 EL Bratkartoffelgewürz
Chilisalz

Außerdem:
4 dünne Scheiben durchwachsener Räucherspeck · 1 TL Öl
80 g kleine grüne Weintrauben (kernlos) · 1/2–1 EL Butter

1 Für das Gulasch das Rehfleisch waschen und trocken tupfen. Von Fett und groben Sehnen befreien und in 3 bis 4 cm große Würfel schneiden. Die Zwiebeln schälen, die Karotte und den Sellerie putzen und schälen. Das Gemüse in 1 cm große Würfel schneiden. In einer Pfanne 1 EL Öl erhitzen und das Gemüse darin bei mittlerer Hitze 2 bis 3 Minuten andünsten.

2 Den Backofen auf 150 °C vorheizen. Das restliche Öl in einem Bräter erhitzen, das Rehfleisch darin portionsweise bei mittlerer Hitze rundum anbraten und wieder herausnehmen. Das Tomatenmark im Bratenfett kurz anrösten. Mit dem Cognac und nach und nach mit je einem Drittel des Weins ablöschen und jeweils sirupartig einköcheln lassen. Die Brühe angießen, das Rehfleisch und das Gemüse dazugeben und das Gulasch offen im Ofen auf der mittleren Schiene 2 bis 2 1/2 Stunden schmoren.

3 Inzwischen für die Apfel-Erdäpfel die Kartoffeln schälen, waschen und in etwa 1 cm große Würfel schneiden. In reichlich Salzwasser 5 bis 8 Minuten garen. In ein Sieb abgießen und abtropfen lassen. Die Äpfel waschen, vierteln, entkernen und mit der Schale in 1 cm große Würfel schneiden. Die braune Butter in einer Pfanne erhitzen und die Kartoffelwürfel darin bei mittlerer Hitze anbraten. Die Apfelwürfel dazugeben und kurz mitbraten. Mit Bratkartoffelgewürz und Chilisalz würzen.

4 Die Fleischwürfel aus dem Schmortopf nehmen. Die Sauce durch ein Sieb in einen zweiten Topf streichen, dabei das Gemüse etwas ausdrücken. Sauce leicht kochen lassen, Die Stärke mit wenig kaltem Wasser glatt rühren und unter die Sauce rühren. Knoblauch, Ingwer, Zitronen- und Orangenschale bei milder Hitze einige Minuten in der Sauce ziehen lassen und wieder entfernen. Die Sauce mit Johannisbeergelee und Wildgewürz abschmecken. Die Schokolade in der Sauce schmelzen lassen und das Fleisch wieder in der Sauce erwärmen.

5 Die Speckscheiben in etwa 2 cm breite Streifen schneiden. Das Öl in einer Pfanne erhitzen und den Speck darin bei mittlerer Hitze kross anbraten. Herausnehmen und auf Küchenpapier abtropfen lassen. Die Weintrauben waschen. Die Butter in einer Pfanne erhitzen und die Weintrauben darin bei milder Hitze 1 bis 2 Minuten andünsten. Das Adventsgulasch auf Tellern anrichten, mit den Weintrauben und dem Speck garnieren und nach Belieben mit Walnusshälften bestreuen. Die Apfel-Erdäpfel daneben anrichten.

Hirschrücken mit Schwarzbrotknödeln

Zutaten für 4 Personen

Für die Schwarzbrotknödel:
Öl für die Form
1/2 Zwiebel · 1 EL Butter
200 g möglichst dunkles Brot (z. B. Bauern- oder Roggenbrot; vom Vortag)
30 g Walnusskerne
100 ml Milch · 3 Eier
Salz · Pfeffer aus der Mühle
frisch geriebene Muskatnuss

Für den Hirschrücken:
600 g Hirschkalbsrücken
1 TL Öl
20 g braune Butter (siehe Tipp S. 22)
1/2–1 TL Wildgewürz
Chilisalz

Für die Holunder-Rotwein-Butter:
1 geh. EL Puderzucker
150 ml kräftiger Rotwein
100 ml Holundersaft (100 % Direktsaft)
1/2 TL Speisestärke
4 Scheiben Ingwer
je 1 Streifen unbehandelte Zitronen- und Orangenschale
60 g sehr kalte Butter
mildes Chilisalz

Für das Rosenkohl-Schwarzwurzel-Gemüse:
150 g Rosenkohl · Salz
400 g Schwarzwurzeln
1 Spritzer Zitronensaft
80 ml Hühnerbrühe
1 TL braune Butter
rot-grünes Chilisalz mit Vanille

1 Für die Schwarzbrotknödel eine halbrunde ofenfeste Terrinenform (600 ml Inhalt) mit Öl einfetten und mit Backpapier auslegen. Die Zwiebel schälen, in feine Würfel schneiden und in einer Pfanne in der Butter glasig dünsten. Das Brot in 1/2 bis 1 cm große Würfel schneiden und in eine Schüssel geben. Die Nüsse hacken. Die Milch erwärmen, mit den Eiern verrühren und mit Salz, Pfeffer und Muskatnuss würzen. Die Eiermilch über die Brotwürfel gießen, Zwiebel und Walnüsse dazugeben und 20 Minuten ziehen lassen.

2 Den Backofen auf 160 °C vorheizen. Die Brotmasse in die Terrinenform füllen, glatt streichen und mit Backpapier bedecken. Im Ofen auf der mittleren Schiene etwa 50 Minuten backen. Dann die Ofentemperatur auf 100 °C reduzieren und die Terrine auf den Ofenboden stellen.

3 Für den Hirschrücken ein Ofengitter auf die mittlere Schiene und darunter ein Abtropfblech schieben. Das Fleisch in 8 Medaillons schneiden und in einer Pfanne im Öl auf beiden Seiten kurz anbraten. Herausnehmen und auf dem Gitter im Ofen etwa 30 Minuten rosa garen.

4 Für die Holunder-Rotwein-Butter den Puderzucker in eine Pfanne sieben und bei mittlerer Hitze hell karamellisieren. Mit Wein und Saft ablöschen und auf ein Drittel einköcheln lassen. Die Speisestärke mit wenig kaltem Wasser glatt rühren und unter die köchelnde Sauce rühren, bis diese leicht sämig bindet. Ingwer, Zitronen- und Orangenschale hinzufügen, einige Minuten in der Sauce ziehen lassen und wieder entfernen. Die kalte Butter in kleinen Stücken unter die heiße, aber nicht mehr kochende Sauce rühren. Mit Chilisalz würzen.

5 Für das Gemüse den Rosenkohl putzen, waschen, in einzelne Blätter teilen und diese in kochendem Salzwasser 1 bis 2 Minuten blanchieren. Kalt abschrecken und abtropfen lassen. Die Schwarzwurzeln unter fließendem kaltem Wasser gründlich waschen, schälen und sofort in kaltes Zitronenwasser legen. Die Schwarzwurzeln schräg in etwa 1/2 cm dicke Scheiben schneiden und in der Brühe zugedeckt 4 bis 5 Minuten weich dünsten. Den Rosenkohl untermischen, die braune Butter hinzufügen und mit rot-grünem Chilisalz würzen.

6 Für den Hirschrücken die braune Butter in einer Pfanne zerlassen und mit Wildgewürz und Chilisalz würzen. Die Medaillons in der Butter wenden. Die Knödelterrine stürzen, das Backpapier entfernen und die Brotknödel in Scheiben schneiden. Holunder-Rotwein-Butter mittig auf Teller verteilen, Hirschmedaillons darauflegen, Rosenkohl-Schwarzwurzel-Gemüse und Knödel daneben anrichten.

Gebratener Kaninchenrücken mit Wurzelgemüse auf grüner Sauce

Zutaten für 4 Personen

Für das Gemüse:
je 1 gelbe und orangefarbene Karotte
2 Stangen Staudensellerie · Salz
1 EL braune Butter (siehe Tipp S. 22)
Gemüsegewürz
Chilisalz

Für die Sauce:
50 g frische Kräuter (z. B. Petersilie, Bärlauch, Kerbel, Schnittlauch, Dill, Brunnenkresse, Sauerampfer) · Salz
3 EL Gemüsebrühe
40–50 ml Rapsöl
100 g Schmand · Zucker
einige Spritzer Zitronensaft

Für den Kaninchenrücken:
1/2 TL Öl · 4 Kaninchenrückenfilets (à 100 g; küchenfertig)
2 EL Butter
3 EL Hühnerbrühe
1–2 TL Brathähnchengewürz

1 Für das Gemüse die Karotten putzen und schälen, den Sellerie putzen, waschen und beides in 2 bis 3 cm lange Stücke schneiden. In kochendem Salzwasser blanchieren, in ein Sieb abgießen, kalt abschrecken und abtropfen lassen. Die braune Butter in einer Pfanne erhitzen und das Gemüse darin bei mittlerer Hitze erwärmen, mit Gemüsegewürz und Chilisalz würzen.

2 Für die Sauce alle Kräuter waschen, die Blätter gegebenenfalls von den Stielen zupfen, klein schneiden und, bis auf den Sauerampfer und den Schnittlauch, kurz in kochendem Salzwasser blanchieren. In ein Sieb abgießen, kalt abschrecken und das Wasser gut ausdrücken. Die blanchierten Kräuter mit der Brühe in einen hohen Rührbecher geben und mit dem Stabmixer pürieren, dabei das Öl langsam einlaufen lassen. Sauerampfer und Schnittlauch mit den pürierten Kräutern unter den Schmand rühren. Die grüne Sauce mit Salz, 1 Prise Zucker und etwas Zitronensaft abschmecken.

3 Für den Kaninchenrücken das Öl in einer Pfanne erhitzen und die Kaninchenrückenfilets darin bei mittlerer Hitze rundum anbraten. Die Butter in einer weiteren Pfanne zerlassen, die Brühe dazugeben und mit Brathähnchengewürz würzen. Das Fleisch in die Pfanne geben und in der Gewürzbutter wenden.

4 Die grüne Sauce auf vorgewärmte Teller verteilen und das Gemüse daraufgeben. Das Fleisch in Scheiben schneiden, daneben anrichten und mit etwas Gewürzbutter beträufelt servieren.

Tipp

Frische Kräuter wie Petersilie und Bärlauch werden durch das Blanchieren milder im Geschmack, sie können jedoch auch frisch verwendet werden. Je nach Vorliebe können Sie die grüne Sauce z. B. auch mit Estragon, Basilikum oder Pimpinelle zubereiten. Diese Kräuter sollten jedoch nicht blanchiert werden.

Desserts & Kuchen

Nougateis mit Rotweinbirnen und Haselnusshippen

Zutaten für 4 Personen

Für das Nougateis:
1/2 Vanilleschote
1/4 l Milch
250 g Sahne
80 g Zucker
100 g Nussnougat
3 Eigelb
2 Eier
Salz
1 gestr. EL Kakaopulver
1 EL Rum
1 EL Orangen- oder Nusslikör

Für die Rotweinbirnen:
2 reife, feste Birnen
2 TL Puderzucker
100 ml Rotwein
50 ml roter Portwein
1–2 EL Johannisbeergelee

Für die Haselnusshippen:
30 g Puderzucker
30 g Mehl · 1 Eiweiß
30 g flüssige Butter
Dessert-Würzer (aus der Mühle)
4–6 Haselnüsse (fein gehobelt)

1 Für das Nougateis die Vanilleschote längs aufschneiden und das Mark herauskratzen. Die Milch, die Sahne, die Hälfte des Zuckers, das Vanillemark und die -schote in einen Topf geben und aufkochen lassen. Das Nougat zerkleinern.

2 Eigelbe, Eier, restlichen Zucker und 1 Prise Salz in einer Metallschüssel mit dem Schneebesen hellschaumig aufschlagen. Nach und nach die kochend heiße Vanillemilch unter Rühren hinzufügen. Die Eiermilch im heißen Wasserbad 5 bis 10 Minuten auf 75 bis 78 °C erhitzen, bis sie anfängt, leicht zu binden. Dabei mit einem flexiblen Teigschaber beständig, aber ruhig von der Schüsselwand wegrühren („zur Rose abziehen“).

3 Vanillecreme durch ein Sieb in eine Schüssel gießen, Nougat, Kakaopulver, Rum und Likör dazugeben. Mit dem Stabmixer zu einer homogenen Masse verrühren. Die Nougatcreme abkühlen lassen und in der Eismaschine cremig gefrieren lassen. Das Eis in eine eisgekühlte Schüssel füllen, mit Backpapier direkt bedecken und bis zum Servieren in das Tiefkühlfach stellen.

4 Für die Rotweinbirnen die Birnen vierteln, schälen, entkernen und in Spalten schneiden. Den Puderzucker in einer Pfanne hell karamellisieren und die Birnenspalten darin andünsten. Mit Rot- und Portwein ablöschen, das Johannisbeergelee dazugeben und die Flüssigkeit fast verkochen lassen.

5 Für die Haselnusshippen den Backofen auf 200 °C vorheizen. Puderzucker, Mehl, Eiweiß, Butter und etwas Dessert-Würzer verrühren. Die Masse in 4 gleich großen Portionen mit möglichst großem Abstand auf ein mit Backpapier belegtes Backblech setzen. Mit einer nassen Palette oder einem Esslöffelrücken zu Kreisen von etwa 10 cm Durchmesser verstreichen. Die Hippen mit Haselnussblättchen bestreuen.

6 Die Hippen im Ofen etwa 5 Minuten hellbraun backen, möglichst heiß in eine Kaffeetasse setzen und auskühlen lassen. Vorsichtig herausnehmen. Das Eis als Kugeln in die Hippen setzen und mit den Birnenspalten anrichten.

Zwetschkenparfait mit Punschsauce und Mandarinen

Zutaten für 10 Personen

Für das Zwetschkenparfait:
200 g Dörrpflaumen (Dörrzwetschken)
50 ml roter Portwein
2 EL Rum
1 Blatt Gelatine
1 Tasse Espresso (ca. 4 EL)
100 g Zucker
4 Eigelb · 1 Ei
1 TL Wiener-Melange-Würzer (aus der Mühle)
400 g Sahne

Für die Punschsauce:
2 TL Speisestärke
100 ml kräftiger Rotwein
30 ml Orangensaft
40 ml Kirschsaft
40 ml roter Portwein
2 EL Zucker
1/2 TL Glühweingewürz
je 1 Streifen unbehandelte Zitronen- und Orangenschale
1 TL Honig
je 1 EL Orangenlikör (z. B. Grand Marnier) und Rum

Für die Mandarinen:
2 Mandarinen (oder Clementinen)
1 TL gehackte Pistazien
je einige Tropfen Orangenlikör und Zitronensaft
1 TL Puderzucker

1 Am Vortag für das Zwetschkenparfait die Dörrpflaumen in Streifen schneiden. Den Portwein in einem kleinen Topf einmal aufkochen, die Pflaumenstreifen mit dem Rum hinzufügen, vom Herd nehmen und 30 Minuten ziehen lassen.

2 Die Gelatine in kaltem Wasser einweichen. Den Espresso mit dem Zucker unter Rühren aufkochen, bis sich der Zucker vollständig aufgelöst hat. Eigelbe, Ei und Wiener-Melange-Würzer schaumig schlagen und den heißen Kaffeesirup unterrühren. Die Gelatine gut ausdrücken und unter Rühren in der Eier-Kaffee-Masse auflösen.

3 Alles mit den Quirlen des Handrührgeräts oder in der Küchenmaschine zu einer dickschaumigen Masse weiterschlagen, bis diese vollkommen abgekühlt ist. Die Sahne steif schlagen. Die Dörrpflaumen abtropfen lassen, untermischen und die Masse in Eiswasser mit dem Teigschaber weiter kalt rühren. Wenn die Masse zu gelieren beginnt, die Sahne vorsichtig unterheben.

4 Eine Terrinenform (etwa 1,2 l Inhalt) oder 10 Portionsförmchen mit Frischhaltefolie oder Backpapier auslegen und die Parfaitmasse hineinfüllen. Mit Frischhaltefolie oder Backpapier bedecken und im Tiefkühlfach über Nacht gefrieren lassen.

5 Am nächsten Tag für die Punschsauce die Speisestärke mit 3 EL Rotwein glatt rühren. Den restlichen Rotwein, den Orangensaft, den Kirschsaft, den Portwein und den Zucker in einem Topf verrühren und aufkochen. Die Speisestärke unter Rühren hinzufügen und alles weitere 2 Minuten köcheln lassen.

6 Den Topf vom Herd nehmen, das Glühweingewürz unterrühren, die Zitronen- und Orangenschale dazugeben und 5 Minuten ziehen lassen. Die Sauce durch ein Sieb in eine Schüssel gießen, den Honig unterrühren und abkühlen lassen. Mit dem Orangenlikör und dem Rum abschmecken.

7 Für die Mandarinen die Mandarinen schälen, in Spalten teilen und mit den Pistazien, dem Orangenlikör, dem Zitronensaft und dem Puderzucker mischen.

8 Das Zwetschkenparfait mithilfe der Folie oder des Backpapiers aus der Terrinenform stürzen und in Scheiben schneiden. Die Punschsauce auf Dessertteller verteilen, je 1 oder 2 Parfaitscheiben darauflegen oder je 1 Portionsförmchen daraufstürzen. Mit Mandarinenspalten garnieren.

Pistazien-Crème-brulée mit Orangenblütenwasser

Zutaten für 4 Personen

100 g Pistazienkerne
1/4 l Milch
250 g Sahne
80 g Zucker
1 TL abgeriebene unbehandelte Orangenschale
3 EL Orangenblütenwasser (aus der Apotheke)
Dessert-Würzer (aus der Mühle)
Salz
5 Eigelb
2 cl Amaretto (ital. Mandellikör)
2 EL feiner brauner Zucker

1 Den Backofen auf 150 °C vorheizen. Die Pistazien im Blitzhacker sehr fein mahlen. Die Milch mit der Sahne, dem Zucker, den Pistazien, der Orangenschale, dem Orangenblütenwasser, etwas Dessert-Würzer und 1 Prise Salz in einen Topf geben und aufkochen lassen.

2 Die Pistazienmilch in den Küchenmixer geben und 2 Minuten mixen. Während des Mixens die Eigelbe dazugeben. Die Masse durch ein Sieb streichen, 3 EL der im Sieb zurückgebliebenen Pistazienmasse in die Milchmischung rühren und den Amaretto hinzufügen.

3 Die Masse auf 4 Souffléförmchen (à 150 ml Inhalt) verteilen, auf ein tiefes Backblech stellen und so viel kochend heißes Wasser auffüllen, dass die Förmchen etwa ein Drittel hoch im Wasser stehen. Im Ofen auf der mittleren Schiene 45 bis 50 Minuten cremig stocken lassen. Nach spätestens 30 Minuten Garzeit zum ersten Mal die Konsistenz der Creme prüfen und diese bei Bedarf früher aus dem Ofen nehmen.

4 Die Förmchen aus dem Wasserbad nehmen, die Creme abkühlen lassen und mindestens 4 Stunden (am besten über Nacht) kühl stellen.

5 Kurz vor dem Servieren den Backofengrill einschalten. Die Creme in den Schälchen gleichmäßig mit dem braunen Zucker bestreuen und unter dem Grill auf der obersten Schiene goldbraun karamellisieren (alternativ mit dem Flambierbrenner karamellisieren). Die Pistazien-Crème-brulée nach Belieben mit Pistazien bestreuen und mit Hippen servieren.

Tipp

Pistazien sind zwar nicht fettarm, aber trotzdem gesund: Sie senken den Cholesterinspiegel und sollen sogar beim Abnehmen helfen. Deshalb wäre es zu schade, die Pistazien, die nach dem Abseihen der Pistazienmilch zurückbleiben, wegzuwerfen. Sie können gut unter Nussfüllungen oder Kuchen- und Muffinteige gemischt werden. Allerdings sollten sie möglichst noch am gleichen Tag weiterverwendet werden.

Marillen-Pastilla mit Vanilleobers

Zutaten für 4 Personen

Für die Pastilla:
250 g Aprikosen (Marillen)
45 g getrocknete Datteln (mit Stein)
50 g getrocknete Feigen
1 EL Haselnusskerne
2 geh. EL Zucker
Dessert-Würzer (aus der Mühle)
1 EL Zitronensaft
1/2 TL geriebener Ingwer
5 Strudelteigblätter (à 40 x 35 cm)
ca. 50 g zerlassene Butter

Für das Vanilleobers:
100 g Sahne (Obers)
1 EL Vanillezucker
1 Msp. abgeriebene unbehandelte Orangenschale

Außerdem:
1 TL gehackte Pistazien

1 Für die Pastilla die Aprikosen waschen, halbieren und entsteinen. Die Aprikosenhälften in Spalten schneiden. Die Datteln ebenfalls entsteinen und in kleine Würfel schneiden. Von den Feigen den Stielansatz entfernen, die Feigen ebenfalls in kleine Würfel schneiden. Die Haselnüsse klein hacken.

2 Die Aprikosen mit den Datteln, den Feigen, den Haselnüssen, dem Zucker, etwas Dessert-Würzer, dem Zitronensaft und dem Ingwer mischen. Den Backofen auf 180 °C vorheizen. Ein Backblech mit Backpapier belegen.

3 Vier Strudelteigblätter jeweils bis zur Mitte mit Butter bestreichen, die andere Hälfte darüberschlagen und leicht andrücken. Die Aprikosenfüllung mittig daraufsetzen und den Teig über der Füllung zu einem Rechteck einschlagen. Die Päckchen mit der Nahtseite nach unten auf das Backblech setzen und mit etwas Butter bestreichen.

4 Das restliche Strudelteigblatt zweimal jeweils zur Mitte hin zusammenfalten, sodass 4 Teigschichten übereinanderliegen. Aus dem Teig 4 Kreise (6 bis 7 cm Durchmesser) ausschneiden. Die Teigkreise einmal vom Rand bis zur Mitte einschneiden, mit der restlichen Butter bestreichen, dekorativ zu Blüten eindrehen und auf die Teigpäckchen setzen.

5 Die Marillen-Pastilla im Ofen auf der mittleren Schiene 20 bis 25 Minuten goldbraun backen.

6 Für das Vanillesobers das Obers mit dem Vanillezucker und der Orangenschale mit den Quirlen des Handrührgeräts zu einer sämigen Sauce schlagen. Die Sauce auf Dessertteller verteilen, je 1 Marillen-Pastilla daraufsetzen und mit den Pistazien bestreuen.

Tipp

Dieses Dessert wurde von der marokkanischen „B'Stilla" beeinflusst. Im Original wird für diese süß wie auch herzhaft zubereiteten Pasteten Warkateig verwendet, der sehr aufwendig und schwierig herzustellen ist. Mit Strudelteig oder auch Filoteig gelingt die Pastilla aber ebenso gut.

Kardamom-Muskatnuss-Mousse mit Trauben-Chutney

Zutaten für 4 Personen

Für die Kardamom-Muskatnuss-Mousse:
150 g Speisequark
25 g Zucker
1 TL gemahlener Kardamom
1 TL frisch geriebene Muskatnuss
je 1 Msp. abgeriebene unbehandelte Zitronen- und Orangenschale
1 EL Zitronensaft
3 EL Orangensaft
Dessert-Würzer (aus der Mühle)
250 g Sahne · 2 Eiweiß
50 g Zucker · Salz

Für das Trauben-Chutney:
1/2 Vanilleschote
1/4 l Weißwein · 40 g Zucker
je 1 EL Zitronen- und Orangensaft
1/2 Zimtrinde
1 Zacken Sternanis
1 TL Kardamomsamen
je 1 Streifen unbehandelte Zitronen- und Orangenschale
1 TL Speisestärke
2 EL gehackte Mandeln
je 250 g helle und dunkle kernlose Trauben

1 Für die Kardamom-Muskatnuss-Mousse den Quark in einer Schüssel mit Zucker, Kardamom, Muskatnuss, Zitronen- und Orangenschale, Zitronen- und Orangensaft und Dessert-Würzer glatt rühren.

2 Die Sahne halb steif schlagen. Die Eiweiße mit dem Zucker und 1 kleinen Prise Salz zu cremigem Schnee schlagen und mit der Sahne unter die Creme heben.

3 Ein Sieb in eine Schüssel hängen, mit einem sauberen Küchentuch auslegen und die Quarkmasse hineinfüllen. Mit Frischhaltefolie bedecken und den Quark 2 Stunden im Kühlschrank abtropfen lassen, sodass die Konsistenz fester wird. Dann in eine Schüssel umfüllen und zugedeckt kühl stellen.

4 Für das Trauben-Chutney die Vanilleschote längs aufschneiden und das Mark mit einem spitzen Messer herauskratzen. Den Wein, den Zucker, die Vanilleschote und das Vanillemark, Zitronen- und Orangensaft sowie die restlichen Gewürze aufkochen lassen. Die Speisestärke mit wenig kaltem Wasser glatt rühren und den Sud damit binden. Abkühlen lassen und durch ein Sieb passieren.

5 Die Mandeln in einer Pfanne ohne Fett rösten und abkühlen lassen. Die Trauben waschen, von den Stielen zupfen und halbieren. Mit den Mandeln unter den Gewürzsud rühren.

6 Das Trauben-Chutney auf tiefe Dessertteller verteilen. Von der Kardamom-Muskatnuss-Mousse Nocken abstechen und darauf anrichten.

Tipp

Der Quark muss gut abgetropft sein, jedoch sollte man ihn nicht länger als 2 Stunden im Sieb liegen lassen, damit er trotzdem noch luftig und saftig bleibt. Wird er nach 2 Stunden nicht sofort verzehrt, füllt man ihn am besten in eine Schüssel um und bedeckt ihn bis zum Anrichten mit Frischhaltefolie.

Gewürzäpfel mit Walnüssen auf Buttermilchpalatschinken

Zutaten für 4 Personen

Für die Palatschinken:
65 g Mehl · Salz
1 EL Zucker
Dessert-Würzer (aus der Mühle)
je 1 TL abgeriebene unbehandelte Zitronen- und Orangenschale
100 g Buttermilch
60 ml Milch
2 Eier
2 EL zerlassene braune Butter (siehe Tipp S. 22)
4 TL braune Butter zum Backen

Für die Gewürzäpfel:
4 säuerliche Äpfel (z. B. Elstar)
2 EL Zucker
1 EL Zitronensaft
2 EL Orangensaft
3 EL Butter
Dessert-Würzer (aus der Mühle)
2 Scheiben Ingwer
2 Streifen unbehandelte Orangenschale
4 EL Walnüsse (grob gehackt)

1 Für die Palatschinken das Mehl in eine Schüssel sieben und 1 Prise Salz, den Zucker, etwas Dessert-Würzer sowie die Zitronen- und Orangenschale dazugeben. Die Buttermilch und die Milch verrühren und mit der Mehlmischung zu einem glatten Teig verarbeiten. Die Eier und die zerlassene braune Butter nacheinander unterrühren und den Teig 30 Minuten quellen lassen.

2 Den Backofen auf 70 °C vorheizen. Eine kleine Pfanne bei mittlerer Temperatur erhitzen. 1 TL braune Butter hineingeben, etwas Palatschinkenteig in die Pfanne gießen und gleichmäßig dünn darin verteilen. Den Teig auf der Unterseite goldbraun backen. Die Palatschinke wenden und auf der zweiten Seite ebenfalls goldbraun backen. Die fertige Palatschinke im Ofen warm halten. Das Fett mit Küchenpapier aus der Pfanne tupfen und aus dem restlichen Teig mit der übrigen braunen Butter auf die gleiche Weise Palatschinken backen.

3 Für die Gewürzäpfel die Äpfel schälen, vierteln, entkernen und in dünne Spalten schneiden. Den Zucker in einer weiten Pfanne karamellisieren. Die Apfelspalten hinzufügen, mit Zitronen- und Orangensaft ablöschen und die Butter darin schmelzen lassen. Etwas Dessert-Würzer, Ingwer und Orangenschale sowie die Walnüsse dazugeben. Die Apfelspalten in der Pfanne einige Minuten dünsten, bis sie weich sind. Die ganzen Gewürze wieder entfernen.

4 Die Buttermilchpalatschinken mit den Apfelspalten und den Walnüssen auf vorgewärmten Desserttellern anrichten.

Tipp

Dazu passt 1 Kugel Vanilleeis, Vanillesauce oder Rumobers. Für Rumobers wird Sahne (Obers) mit etwas Puderzucker halb steif geschlagen und mit 1 Spritzer Rum aromatisiert. Ganz nach Geschmack kann man das Obers aber auch mit etwas Orangenlikör oder Amaretto verfeinern.

Kokos-Milchreis mit Heidelbeeren

Zutaten für 4 Personen

Für den Milchreis:
3/4 l Milch
1/4 l Kokosmilch
130 g Milchreis
Salz
1–2 EL Zucker
Dessert-Würzer (aus der Mühle)
1 TL abgeriebene unbehandelte Zitronenschale

Für die Beeren:
250 g Heidelbeeren
2 EL gehackte Pistazien
1 TL Puderzucker
1–2 TL Orangenlikör
1 Stück Zimtrinde

1 Für den Milchreis die Milch mit der Kokosmilch und dem Milchreis in einen Topf geben, 1 Prise Salz dazugeben und die Mischung zum Kochen bringen. Den Reis unter häufigem Rühren 25 bis 30 Minuten mehr ziehen als köcheln lassen.

2 Am Ende der Garzeit den Topf vom Herd nehmen und den Zucker, etwas Dessert-Würzer und die Zitronenschale unter den Milchreis rühren.

3 Für die Beeren die Heidelbeeren verlesen, waschen und trocken tupfen. Die Beeren mit den Pistazien mischen. Mit dem Puderzucker bestäuben, mit dem Likör beträufeln und alles gut mischen. Etwas Zimt auf der Zestenreibe darüberreiben.

4 Zum Servieren den Milchreis auf Schälchen verteilen und je 1 bis 2 EL marinierte Beeren daraufgeben oder separat dazu servieren.

Tipp

Wenn man den Milchreis erst am Ende der Garzeit mit Zucker süßt, wird er schneller weich. Statt Orangenlikör für die Beeren können Sie auch Orangensaft verwenden.

Mandelkuchen mit weißer Kuvertüre

Zutaten für 12 Stücke

Für den Teig:
8 Eier
250 g weiche Butter
250 g Zucker
200 g weiße Kuvertüre (wahlweise dunkle Kuvertüre)
300 g geschälte, gemahlene Mandeln
110 g Kuchenbrösel · Salz
4 EL Cognac

Für das Orangenobers:
200 g Sahne (Obers)
2 EL Puderzucker
1 TL abgeriebene unbehandelte Orangenschale
Dessert-Würzer (aus der Mühle)

Außerdem:
Butter und Mehl für die Form

1 Den Backofen auf 180 °C vorheizen. Eine Springform (26 cm Durchmesser) mit Butter einfetten und mit Mehl bestäuben.

2 Für den Teig die Eier trennen. Die Butter mit der Hälfte des Zuckers in einer Schüssel mit den Quirlen des Handrührgeräts schaumig rühren. Nach und nach die Eigelbe dazugeben, unterrühren und die Masse hellschaumig schlagen.

3 Die Kuvertüre raspeln und mit den Mandeln und den Kuchenbröseln mischen. Die Eiweiße mit 1 Prise Salz und dem restlichen Zucker zu einem festen Schnee schlagen. Den Eischnee, das Bröselgemisch und den Cognac unter die Butter-Eigelb-Masse heben.

4 Den Teig in die Springform füllen, glatt streichen und im Ofen auf der mittleren Schiene 35 bis 40 Minuten goldbraun backen. Herausnehmen und auskühlen lassen.

5 Für das Orangenobers das Obers mit dem Puderzucker halb steif schlagen. Die Orangenschale und etwas Dessert-Würzer unterrühren. Den Mandelkuchen aus der Form lösen und mit dem Orangenobers servieren.

Tipp

Anstelle eines Orangenobers kann man auch ein Vanilleobers servieren. Dann die abgeriebene Orangenschale durch das Mark von 1/2 Vanilleschote ersetzen.

Gewürzgugelhupf mit Rotwein

Zutaten für 12–16 Stücke

Butter und Mehl für die Form
280 g weiche Butter
240 g Zucker
1 EL Vanillezucker
6 Eier
280 g Mehl
1 TL Backpulver
je 1 gestr. TL gemahlener Kardamom und Zimtpulver
je 1/2 TL gemahlener Piment, frisch geriebene Muskatnuss und Nelkenpulver
100 g Zartbitterschokolade
Salz
150 ml Rotwein
Puderzucker zum Bestäuben

1 Den Backofen auf 175 °C vorheizen. Eine Gugelhupfform (2 l Inhalt) mit Butter einfetten und mit Mehl bestäuben.

2 Die Butter mit der Hälfte des Zuckers und dem Vanillezucker in einer Schüssel mit den Quirlen des Handrührgeräts cremig rühren. Die Eier trennen. Nach und nach die Eigelbe zur Buttermasse geben, unterrühren und die Masse hellschaumig schlagen.

3 Das Mehl mit dem Backpulver mischen und in eine Schüssel sieben. Kardamom, Zimt, Piment, Muskatnuss und Nelkenpulver hinzufügen und untermischen. Die Schokolade grob hacken und ebenfalls mit der Mehlmischung vermengen.

4 Die Eiweiße mit 1 Prise Salz zu einem cremigen Schnee schlagen, dabei den restlichen Zucker einrieseln lassen. Die Mehl-Gewürz-Mischung nach und nach abwechselnd mit dem Wein und dem Eischnee unter die Buttermasse ziehen. Den Teig in die Form füllen, glatt streichen und im Ofen auf der untersten Schiene 50 bis 55 Minuten backen.

5 Den Gugelhupf aus dem Ofen nehmen und einige Minuten in der Form ruhen lassen. Dann vorsichtig stürzen und auskühlen lassen. Den Gugelhupf zum Servieren mit Puderzucker bestäuben und in Stücke schneiden. Nach Belieben mit Wiener-Melange-Obers (siehe Tipp) und Orangenzesten garniert servieren.

Tipp

Für das Wiener-Melange-Obers 200 g Sahne (Obers) cremig schlagen und etwas Wiener-Melange-Würzer aus der Mühle unterrühren. Das Obers mit 1 Spritzer Rum aromatisieren.

Bildnachweis

Alle Foodfotos von
Eising Studio | Food & Video
(Susie Eising, Martina Görlach),
außer:
S. 37, S. 107: Christian R. Schulz
S. 93: Andrea Kramp & Bernd
Gölling